励志读物 **名人传记**

达·芬奇传

有着多项发明的意大利杰出画家

成长关键词 ➡ 兴趣广泛、善于思索、精益求精

郑　虹◎编著

成都地图出版社

图书在版编目（CIP）数据

达·芬奇传 / 郑虹编著. -- 成都：成都地图出版社, 2018.4 （2022.4重印）
ISBN 978-7-5557-0865-0

Ⅰ.①达… Ⅱ.①郑… Ⅲ.①达·芬奇(Leonardo, da Vinci 1452-1519)—传记—青少年读物 Ⅳ.①K835.465.72-49

中国版本图书馆CIP数据核字(2018)第051896号

达·芬奇传

DA FENQI ZHUAN

责任编辑：魏小奎
封面设计：吕宜昌

出版发行：成都地图出版社
地　　址：成都市龙泉驿区建设路2号
邮政编码：610100

印　　刷：唐山富达印务有限公司
（如发现印装质量问题，影响阅读，请与印刷厂商联系调换）

开　　本：710mm×1000mm　1/16
印　　张：8　　　　　　　**字　　数：**120千字
版　　次：2018年4月第1版
印　　次：2022年4月第4次印刷
书　　号：ISBN 978-7-5557-0865-0
定　　价：39.80元

I导读 >>>>>>
Introduction

Da Vinci
达·芬奇

他长相漂亮，气质优雅，歌声嘹亮，会自制乐器，填词赋唱。

他学识渊博，出口成章，记忆奇佳，谈吐幽默，一生创作了大量寓言、哲理等文学作品。

他热爱自然，把自然当成自己的老师。

他珍惜生命，追求美德，终身未娶，是个素食主义者。

他的绘画完美绝伦，他的绘画风格运用多种原理独创而成，独具特色，影响后世习画之人。

他不顾世人的嘲笑，坚持真理与科学。

他总是微笑着生活，用快乐去描绘世界，那丰富的理论和众多的发明创造，将成为人类历史上一个永恒的记忆。

他与拉斐尔、米开朗琪罗并称为"文艺复兴三杰"。

这个难得一见的天纵奇才，就是我们大家所熟悉的列奥纳多·达·芬奇。

提到达·芬奇，你会联想到什么？是《蒙娜丽莎》那神秘的微笑，玄幻的《达·芬奇密码》，还是《最后的晚餐》？抑或是达·芬奇画蛋的故事？其实，这些都只是达·芬奇的一面。他是一个全才，除绘画之外，在天文、物理、医学、建筑、机械、军事等各个领域他都有建树。

他是人类智慧的象征，他怀有神灵般的无限理想，试图重新创造世界的美，量度世界的广大无垠，解释世界的奥秘。可是他只有常人的生命和力量。他的抱负是发现一切、研究一切、创造一切。他的生命是一条没有走完的道路，路上撒满了崇高的未完成作品的零章碎片，他在临终前心酸地说过："我一生从未完成一项工作。"

他一方面热心于艺术创作和理论研究，研究如何用线条与立体造型去表现形体的各种问题；另一方面，他研究自然科学，为了塑造真实感人的艺术形象，他广泛地研究与绘画有关的光学、数学、地质学、生物学等多种学科。他的艺术实践和科学探索精神对后世产生了重大而深远的影响，他逝世以后的500年间，人类对他的研究与探索依然不断，在欧美各国和日、韩、以色列等亚洲国家都有专门的达·芬奇研究机构。对于他的祖国意大利来说，他更成了国家文化的一个象征。在意大利，红酒、家具、餐厅、酒店、机场等，以他的名字命名的事物数不尽数。意大利著名品牌 Leonardo Di Gasun（中译"老人头"）也是以达·芬奇的自画像作为商标图的。

"上天有时将美丽、优雅、才能赋予一人之身，令他之所为无不超群绝伦，显出他的天才来自上苍而非人间之力，列奥纳多正是如此。他的优雅与优美无与伦比，他的才智之高可使一切难题迎刃而解。"这是文艺复兴时期的传记作家瓦萨里对达·芬奇的溢美之词。

本书以历史事实为依据，生动地刻画了达·芬奇身在文艺复兴这一大时代的特定社会环境下的辉煌与暗淡，丰富细腻地描写了达·芬奇的内心情感世界及其具有传奇色彩的一生。

目 录 >>>> Contents

第一章

Da Vinci

天降奇才

趁年轻少壮去探求知识吧，它将弥补由于年老而带来的亏损。智慧乃是老年的精神养料，所以年轻时应该努力，这样，年老时才不致空虚。

——［意大利］达·芬奇

▶ 耶稣的后代

在意大利名城佛罗伦萨的近郊，有个芬奇镇，每年都会吸引世界各地的观光客。毫不起眼的小镇为什么有如此魔力呢？原来，这是文艺复兴时期伟大的艺术家、科学家达·芬奇的故乡。

这里景色秀丽，天空碧蓝，空气清新，气候宜人。清清的阿诺河从镇边静静地流过，在灿烂的阳光下闪着粼光；岸边绿树成荫，开满各种叫不上名字的野花。这里手工业比较发达，聚集了不少铁匠、金匠等手艺人。

1452 年 4 月 15 日，一个漂亮的男孩在这个镇旁的一个小村子呱呱坠地了。他以洪亮的声音宣告了自己的诞生。他一出世，就以一双特别明亮的眼睛审视着周围这个陌生的世界。这个男孩，就是后来被誉为文艺复兴时代"巨人"的列奥纳多·达·芬奇。

确切地说，达·芬奇不是他的名字，他真正的名字应该叫列奥纳多。他的全名在意大利文中的含义是"芬奇镇的列奥纳多"。"芬奇"表示他是芬奇镇人。也就是说，达·芬奇的邻居名字里很可能也有

意大利佛罗伦萨芬奇镇

"达·芬奇"这几个字，比如简·达·芬奇、玛丽·达·芬奇等。但是在中国，一直以来，人们已经习惯叫他达·芬奇了。

第一章 天降奇才

达·芬奇不但是举世公认的大画家，具有高超的绘画技巧，还是成就斐然的数学家、哲学家、天文学家、音乐家、发明家、体育运动员（擅长跳高和跳远）、解剖学家、雕塑家、物理学家和机械工程师……他会演奏多种乐器（尤其喜欢弹竖琴），甚至还能亲手制作这些乐器。

他还设计出了许多对于当时的人们而言无法想象也无法实现、但是却出现在现代的科技发明。例如他模仿鸟儿飞翔的模样，发明了"扑翼飞机"，这可比莱特兄弟于 1903 年的发明要早上好几百年呢！

一个人在他有限的生命之中，能够保持如此旺盛的、无穷无尽的创造能力，真让人匪夷所思！他的才华和天赋让后世的人为之疯狂。因此，越来越多的人喜欢研究探索这位天才前辈的秘密，渴望从他那千变万化的创作中发现点什么。

记得前不久，网络上爆出个惊天大发现，国外一些学者经过多年的研究认为达·芬奇是耶稣的后代！天哪，怎么可能？这个消息固然还没有证实，但却从另一方面反映了现代"芬丝"或者"奇迷"们对达·芬奇的喜爱与尊崇简直到了不可思议的地步。这就是达·芬奇的魅力，也是无数"天才"的魅力，既举世闻名又神秘莫测，如同神话中被埋在黑暗里的宝物。

"当周围一片黑暗、人人沉睡之时，他却过早地醒来。"这孤独的"早醒者"达·芬奇在 500 多年前，就将他的发现和发明完全隐藏在独有的"密码"之中。这些密码涵盖了未寄出的信件、各色表格、不同语言的读书笔记、机械和工程草图等，被人们称作"含义模糊的纸片"，卷帙（zhì）浩繁却疏于整理。

这密码是怎么来的呢？达·芬奇是个左撇子，他能用两只手同时从左往右、从右往左写字，但他反着写更顺。达·芬奇创造的"镜写字"，一般人只能透过镜子才能看明白。因为这种字不仅仅是字母顺序与正确拼写相反，连字母本身也是反过来的，所以读它们的时候要依靠镜子的帮助。

所有人都对达·芬奇这种字体疑惑不解，后来他的很多学生都问过他："老师，你这本领是怎么学会的呀，能不能教教我们？"达·芬奇微笑着告诉他的学生们说："这是天生的，我可没专门学着去这样写。"他知道，有些同时代的人出于忌妒，时常会在背后嚼舌头："你瞧，达·芬奇这个家伙神神道道的，不知道在玩什么花样。"

"就是嘛，他总是神神道道的，写的笔记连他的学生都看不懂。"

这些话传到达·芬奇的耳朵里，他没说什么，只是一门心思地画他的画，专注于他的发明。

他发现，"镜写字"可以防止贪婪者的利用和剽窃，而且也很符合他的神秘爱好。后来，达·芬奇一直用他自己发明的这种独特的方式来书写，他还用自己创造的密码对它们进行加密。

遗憾的是，达·芬奇的那些经过诸多波折的手稿很多都已经销声匿迹了。我们没有办法亲眼所见这个喜欢多位思考的"怪才"究竟使用了怎样的拼写方法和密码，我们只有借助前人对他的描述来从中推断、想象，这也更为神秘莫测的达·芬奇遮上了一层诡异的面纱，激起了世人对他的无限崇拜和兴趣。

你知道吗？前世界首富比尔·盖茨就是达·芬奇现存手稿的唯一私人收藏者呢！

1994年，盖茨花了3100万美元从一个名叫哈默的巨富手中购得了达·芬奇所作的《莱彻斯特手稿》——一本72页的达·芬奇手抄本，当时按照收藏界惯例，它已经以收藏者的名字更名为《哈默手稿》了。这份《莱彻斯特手稿》包含了对水的性质、天文学、岩石和化石的观察记录。但盖茨没有将它更名为《盖茨手稿》，而是恢复了它原来的叫法。他没有将手稿据为己有，每年都会将它放在全球不同的城市公开展览一次。

或许盖茨想以此向那位生于500多年前、第一个"真正"思考人和世界运转规律的科学巨匠致敬。同样有着巨大成就的他，知道在科学分工过度细密的21世纪，已经鲜有人能像达·芬奇那样有兴趣和能力来全方位地思考这个世界了。如果有一天他来我们所在的城市展出作品，我们可千万别错过这个好机会，一定要去看一看这珍贵的《达·芬奇密码》。希望到时我们能长出一对"火眼金睛"，从达·芬奇的手稿中破译出点什么。

画坛泰斗达·芬奇还是一个刻苦勤勉、惜时如金的人，他创造的定时短期睡眠延时工作法甚为人们所称道。这一方法是通过对睡与不睡的硬性规律性调节来提高时间利用率，即每工作 4 小时睡 15 分钟。这样，一昼夜花在睡眠上的时间累计只有 1.5 个小时，从而争取到更多的时间工作。

前几年，意大利著名生理学家克拉胡迪奥·斯塔皮参照达·芬奇的方法，对一位航海运动员进行了长达 2 个月的类似睡眠试验。经试验，受试者的逻辑思维和记忆运算等能力均完好无损。这说明达·芬奇睡眠法不仅能满足机体代偿功能的需要，而且还预示着利用人体生理潜力的广阔发展前景。

然而，有趣的是，在 20 年前，一位画家就用这一方法进行了亲身试验，证实了它的有效性。可是不到半年时间，他又回到正常的 8 小时睡眠上来了。谈及个中原因，画家不无幽默地承认自己并非天才，更不知道这些多出来的时间该如何打发。

不得不说，列奥纳多·达·芬奇就是这样，在他身上总是存在着别人不具备的特殊气质，即使在今天，仍给我们带来许多不可思议的力量！

▶ 大自然的宠儿

列奥纳多·达·芬奇其实是个私生子。他的父亲皮耶罗·达·芬奇体格魁梧、强壮如牛，是当地一位颇有名气的律师。他们家祖上就从事这个职业，到他父亲这一代已是第三代了，在当地也可以算得上是家道殷实。这位律师还是个风流情种，因工作关系，他常常出入一些农家田舍，一来二去，便和一位美丽的农家姑娘特丽娅产生了一段短暂的恋情。达·芬奇便是他们的爱情结晶。

这种事情在那个时候，即使是在佛罗伦萨，也是一件不怎么光彩的事。皮耶罗是个名人，没有人敢当面说他什么。可是特丽娅就不同了，她为此付出了沉重的代价。皮耶罗并没有娶她为妻，当她在草屋里生下达·芬奇之后，就被皮耶罗抛弃了。

在这位律师看来，也许觉得他和特丽娅门不当户不对吧。不久，他就同另外一位名叫阿丽琵耶拉的富家姑娘结婚了。这一下，皮耶罗可把特丽娅这位单纯、美丽的农村姑娘给害苦了。特丽娅在村里抬不起头来，最后只好离家出走。

值得庆幸的是，继母阿丽琵耶拉倒是一位温柔善良的女子，她虽然不是达·芬奇的亲生母亲，但对他视同己出，关爱有加。她自己没有生过孩子，所以把自己的母爱全部给了达·芬奇，他就是她最心疼的宝贝。阿丽琵耶拉无微不至地关心和爱护达·芬奇，达·芬奇也把她看作自己的亲生母亲，母子关系非常融洽。

至于达·芬奇的童年是怎么度过的，说法不一。有的传记说他出生后由生母带到 5 岁，然后才送回到他父亲的身边；有的则说，在他出生之后，就被父亲领回了家。这些其实都是无足轻重的事情，不必细做考证，也无须赘言。但有一点是肯定的，那就是，他是家中的长子，相貌非常俊秀，天资聪颖，父亲皮耶罗喜欢他自不用说，家中其他人也非常宠爱他；在村子里，也是人见人夸、聪明可爱的孩子。他的童年是在欢乐和幸福中度过的。

达·芬奇自幼酷爱大自然，对周围的一切都有着浓厚的兴趣，花鸟虫鱼、山川草木，无不喜爱。他成天漫山遍野地跑，尽情地享受大自然的恩赐。他采来各种各样的花草，捉来形形色色的昆虫和鸟儿，把它们分别装在那些大大小小的瓶瓶罐罐筐筐中。他是那么喜欢这些动植物，喜欢这些活生生的小精灵。他常常面对着它们，如痴如醉地观赏着、玩味着、思考着，谁也不知道他心里在想些什么。他是一个勤于观察、善于思考的孩子，他思考的一些问题，同他的年龄很不相称。常常有这样的情况出现：他向大人们提出的关于自然界的问题，连大人们也回答不上来。

达·芬奇还特别喜欢画画，不论是白粉、木炭，还是彩画匠用的颜料，只要到了他的手里，他就拿过来涂抹一气，画他从山坡上搜集来的那些动植物，画他感兴趣的一切东西。有时他也用从山上挖来的黏土，捏个小鸟、小人什么的。

他的歌唱得很好，舞跳也得不错，还会弹曼陀铃琴。村里漂亮的姑娘都爱和他跳舞，听他唱歌。虽是小小年纪，但他已是样样在行，成为村中节日庆祝活动中的一个受欢迎的人物。五六岁时，他就能自编自唱了。每当他兴高采烈地从野外归来，手里捧着他采集到的那些宝贝，总是边走边唱，唱花儿、唱鸟儿、唱昆虫、唱田野、唱天空、唱太阳，唱他的所见所闻、所感所想，唱他想唱的一切。

这是一个星期天，父亲皮耶罗外出办案不在家，奶奶和妈妈要上教堂去做礼拜。

"列奥纳多，跟奶奶和妈妈一起去教堂好吗？"母亲阿丽琵耶拉和颜悦色地对他说。

"妈妈，我不想去，我还要到山上去捉蜻蜓玩呢！"达·芬奇说。他一向对做礼拜这类事情不感兴趣。

"孩子，你已经很久没去教堂了，这可不好，上帝会不高兴的。"奶奶柳契娅规劝他说。

"我的好奶奶，我要去捉蜻蜓玩嘛，看它在草地上轻盈地飞来飞去，那多有意思呀！上帝能帮我捉蜻蜓吗？再说，上帝在哪儿啊？我怎么就没见过他呀……"达·芬奇一边揪着奶奶的衣袖，一边说。

"好好好，依你，去吧孩子。对上帝，你可别再瞎说了。"奶奶赶紧打断他的话，不让他再说下去。她知道自己的孙子一向对上帝不大恭敬。但他是全家的宠儿，全家未来的希望，谁也不想扫他的兴，硬让他去做他不愿意做的事。

"谢谢奶奶，那我就玩去了。奶奶再见，妈妈再见！"达·芬奇说完，便拿起他早已准备好的一个瓶子，高高兴兴地跑出去了。

"别忘了早点儿回来啊！"妈妈在后面喊道。

"哎——"达·芬奇在门外应了一声，转眼间就不见了踪影。

达·芬奇连蹦带跳，走过村中那条橡树夹道，很快就来到村外那道高高的山坡上。放眼望去，远处是深蓝色的高山，那是亚平宁山，山脚下有一条河流穿过，那就是阿诺河。河的周围绿树成荫，芳草遍地，鲜花盛开，生机盎然。湛蓝湛蓝的天空，是那么深邃、那么悠远，无边无际，令人遐想；天上飘着的朵朵白云，又是那么富有诗意。达·芬奇置身其间，不用说心情是多么惬意了。他情不自禁地高声唱了起来：

青松、山毛榉、月桂树，

花呀、草呀、草地和悬岩都闪闪发光，

比什么稀世的珍宝都要明亮，

这天空碧蓝晶莹多么美丽啊！

这是当地一首有名的歌曲，歌名叫《五月节歌》，他在 3 岁时就会唱这首歌了。来到山坡上，面对着如此美丽的自然风光，他才真正体会到这首歌是如此美妙动听。

达·芬奇今天来是想捉几只蜻蜓。他对蜻蜓很感兴趣，经常望着上下翻飞的蜻蜓而出神。他想，蜻蜓就那么薄薄的 4 只翅膀，却能够在天空中飞来飞去，那么自由自在。仅在这一点上，人就不如蜻蜓。人能不能也装上两只翅膀，像蜻蜓那样在空中自由地飞翔呢？

蜻蜓飞来了，以它那透明的翅膀轻盈地飞来了。达·芬奇被蜻蜓的舞姿陶醉了，没有马上动手去捉它们。奇怪，蜻蜓的腹肌是那么强壮，而翅膀又那么轻盈，它怎么会飞得那么好呢？他惊奇地发现，原来它的翅膀除了上下拍动外，同时还快速地回转摆动。它之所以那么善于飞翔，飞得那么快，是不是与此有关呢？达·芬奇一时还不大明白，他在草地上奔跑了半天，费了好大劲，才捉住了几只蜻蜓，准备回去后好好研究一番。接着，他又捉了几只小甲虫、几只蝈蝈，采了一些山花。这山花，是他送给奶奶和妈妈的，几乎每次上山来他都要采一些花回去。

当达·芬奇带着自己的战利品回到家时，发现母亲正在门口等他。阿丽琵耶拉总是这样，做好了饭，孩子出去玩还没回来，她就忍不住要到门外瞧啊、等啊，直到孩子回来为止。

"玩起来就什么都忘了，连饭也忘了吃，这孩子。"母亲看见他回来，一边抚摸着他的肩膀，一边嗔怪地说。

"妈妈，对不起。"达·芬奇调皮地说，随手把从山上采来的野花撒了妈妈一头，"我今天收获可大啦。您说蜻蜓为什么会飞呢？人装上翅膀也能飞起来吗？"达·芬奇还沉醉在他的飞行幻想中。

"这个问题妈妈也说不清楚。妈妈给你做了新鲜的奶酪，还有牛肉、馅饼，都快凉了，快去吃吧。"妈妈催促着，她总是变着花样给家里人特别是她所宠爱的儿子做好吃的。

达·芬奇进门见过奶奶，匆匆洗了一把手，妈妈已把饭菜端了上来。

"妈妈，真香，真好吃。"达·芬奇笑着说。他吃得很快，有滋有味。在山上玩了一上午，肚子确实也饿了。

"慢点吃，别噎着了，你这个小精灵。"奶奶也笑着说。她特别喜欢这个孙子，就连他那吃饭的样子也特别可爱，仿佛比谁家的孩子都可爱。

饭后，达·芬奇把蜻蜓、小甲虫、蝈蝈分别装在几个小盒子中，盒子上还捅了几个透气孔以便让它们呼吸。他准备把它们一一画下来，然后还要做成标本，他不知画过多少次这类昆虫了。

乡村的夜晚，一片寂静。奶奶和妈妈坐在屋前的条石上，达·芬奇依在她们膝前玩耍。他抬头望着满天星斗，天空就像一个大锅似的罩在头顶上，覆盖着周围的一切。

"奶奶，天有边吗？天上的星星有多少，您能告诉我吗？"达·芬奇问道。

"这孩子，这个事儿，奶奶可说不上来。你问你妈妈，看她知不知道。"奶奶笑着说。

"妈妈也说不出来。"妈妈也笑着说。

"那我再问一个问题，为什么太阳老是从东边出来，而从西边落下去呢？"

"为什么月亮有时是圆的，有时是半个，有时是弯弯的月牙呢？"达·芬奇又提出了一个新奇的问题。他的小脑袋里想的问题实在是太多了。

奶奶和妈妈谁也回答不了他提出的这些问题。

"孩子，奶奶给你讲个故事好吗？"奶奶说。奶奶肚子里的故事可多了，达·芬奇也最爱听奶奶讲故事。

"好好好，快讲呀，奶奶，我最爱听您讲故事了。"达·芬奇迫不及待地说。

"在很久很久以前，有一个穷人，他一共有 4 个儿子，其中 3 个都很聪明；另一个呢，不好也不坏，既说不上聪明，但也不笨，人们也说不准他到底怎么样。大家只是常常看见他沉默不语，喜欢到田野、到海边，看呀、听呀，自个儿想呀，也不知他在想些什么。他还像你一样，喜欢在夜里看星星。后来，不幸的事情发生了，他们的父亲即将死亡，临死之前他把孩子们叫到了跟前，对他们说：'我的孩子们，我很快就要死了，你们以后就要靠自己去生活了。把我一埋掉，你们就锁好小茅屋的门，到天涯海角去寻找自己的幸福吧。不论什么手艺，你们每人都要学会一样，好养活自己。'

"父亲去世了。孩子们埋葬了他之后就到天涯海角寻找自己的幸福去了。他们约定，3年之后，大家都回到故乡小树林中的空地上，到一棵倒掉的树的后面，互相介绍自己在这3年之中都学会了什么本领。

"一转眼，3年过去了。按着3年前的约定，兄弟们陆续从天涯海角回到了故乡小树林中的空地上。

"大哥先回来，他学会了做木工。寂寞使他受不了，他砍倒一棵树，刨光了，锯呀、凿呀，把它做成了一个姑娘的雕像。他走开了一会儿，等着他的弟弟们回来。

"二哥回来了，看见了木头姑娘，因为他学会了裁缝，便决定给这个木头姑娘穿上衣裳。一眨眼，他就给她做好了一件美丽的丝衣。做完后，他也到一边等着。

"接着，三哥回来了，他用金首饰和贵重的宝石把木头姑娘装扮起来。原来，这3年里他在外边学会了珠宝匠的手艺，而且还积攒了一大笔钱。

"最后，四弟回来了。他现在是一位修道士。虽然他既不会做木工，也不会缝衣服，但他却会倾听大地在说些什么，树林、芳草、野兽、鸟儿在说些什么，还会唱神奇的歌儿使木头姑娘、石头复活。他看见木头姑娘穿着华美的衣裳，戴着金首饰和宝石，但是她既听不见，又不会说话，更不会动弹。于是，他拿出了自己所学的全部本领，要用自己的歌声使木头复活。他唱起了一首美妙的歌，躲在灌木丛后面的3个哥哥听了之后非常感动，都哭了起来。四弟的歌声给木头姑娘注入了生命，于是，她微笑着，呼吸起来了……

"这时，他的3个哥哥扑向姑娘，都想让这位姑娘做自己的妻子。

"'是我把你做出来的，你应该成为我的妻子！'大哥说。

"'你应该做我的妻子，是我给你穿上了美丽的衣裳！'二哥说。

"'是我给你披金戴玉，使你变成富人的，你更应该做我的妻

成长关键词 兴趣广泛、善于思索、精益求精

Da Vinci

子!'三哥说。

"可是这位姑娘是怎么想的呢?她答话了:'老大,你做了我,那你就做我的父亲吧。老二、老三,你们给我穿上衣裳,戴上金银首饰,把我打扮得漂漂亮亮,那你们就做我的哥哥吧。而你,老四,给了我灵魂,并教我爱上生活,所以这辈子你就做我的丈夫吧……'

"这时,树木、花儿、鸟儿,乃至整个大地,都为他们唱起了祝福的歌……

"我的故事讲完了。孩子,你长大以后想做他们中的哪一个人呢?"

"奶奶,那个四弟为什么是个修道士呢?难道给人灵魂的就不能是别的人吗?"达·芬奇不解地问。

"你这孩子,又把奶奶给问住了。"奶奶笑了笑,疼爱地在他肩上轻轻地拍打了一下。

达·芬奇就是在这样的环境下,自由自在、无忧无虑地成长着。大自然,是人类知识的宝库、智慧的源泉。达·芬奇无比热爱大自然,善于提出疑问,对身边的一切进行观察、思考和研究,这不仅丰富了他的头脑,而且有助于他自幼养成这种注重实践的思维方式,并为他日后进行艺术创造和科学研究奠定了坚实的基础。

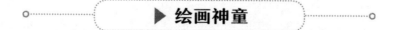

▶ 绘画神童

小达·芬奇无忧无虑地成长着,并继续着对大自然的观察。同时,不管是白粉、木炭,还是彩画匠用的颜料,只要落到他的手里,他就到处画呀、画呀。只要是他看见的、感兴趣的,他都画。

时间过得真快，转眼之间达·芬奇已9岁了。他个子长得很高，超出同龄孩子一大截，面色白里透红，鼻梁高耸，蓝色的眼睛闪烁着聪慧的光芒，长着一头棕色的秀发，身材匀称，说话优雅大方，活脱脱一个美少年。

皮耶罗深爱着这个孩子。他知道，这孩子天资聪慧，虽然只有9岁，可智力已超过十几岁的孩子。他们家三代都是律师，他希望达·芬奇能继承祖业，成为一名出色的律师。

一天早晨，吃过早饭后，父亲皮耶罗不同往常地在餐厅里来回走动着，突然对达·芬奇说："你，还有你妈妈、你奶奶，都到我的工作室来一下。"

达·芬奇在跨进父亲工作室的门槛时，感到自己的心紧张得快要跳出来了。他小心地跟在奶奶和妈妈的后面。

坐在办公桌前的父亲，表情严肃、神情庄重。奶奶和妈妈阿丽琵耶拉的出席，更使这次家庭会议增添了庄重的气氛。

达·芬奇站在奶奶和妈妈的中间，大气都不敢出。

"嗯，我们一家人都到了，"父亲说道，"我要当着大家的面，向我的儿子宣布我的决定。你可以坐下，孩子。"

达·芬奇这时才觉得腿因颤抖而变得有些酸疼。听到父亲的吩咐，就坐在妈妈旁边的一把闲置的椅子上。

"我的列奥纳多，"父亲说，"你唱歌、骑马、跳舞、画画，甚至有时用黏土捏点什么东西，都不错，对世上的一切，又都好奇，这和你9岁的年龄很不相称。但你不能总是这样，你需要学习。也就是说，我要送你进拉丁语学校。在意大利，每一个有出息的人都必须要学会拉丁文，你也要学会拉丁文。你愿意去吗?"

"我愿意，父亲。那什么时候去?"

"我已经跟学校的神父说了，明天就去。到学校以后，你要好好学习，做一个出类拔萃的学生，长大以后好继承我的事业。"

达·芬奇轻轻地点了点头。奶奶和妈妈的神情有些怅

(chàng)然若失，但都没有说什么。她们并不希望达·芬奇这么小就去上学，因为她们十分宠爱他。他走了，她们也就孤独了。

达·芬奇对父亲有点敬畏。他知道父亲是爱他的，但他觉得父亲老是那么严肃，平时工作又那么忙，没有时间和他玩。因此，他同父亲皮耶罗的关系不像和后母阿丽琵耶拉那样亲近。如今父亲决定让他去上拉丁语学校，奶奶、妈妈都觉得合理，一向求知欲极强、对什么事都感兴趣的达·芬奇也乐于接受，但拉丁语到底是什么样的语言，是否像观察和研究大自然那样有趣，他心中对此没有答案。至于父亲让他学成以后继承父业，也当个律师，他更是从来没有想过。律师，不就是告状打官司吗？那工作有意思吗？自己将来是不是干这一行，以后再说吧。他的兴趣太广泛了，既喜欢画画，又喜欢各方面的科学知识，凡是有关改善人类生存条件的事情，他几乎样样关心。长大以后从事什么工作，那是将来的事情，他现在还想不了那么多。

拉丁文是一种古老的语种，学起来困难自然不少。开始还好，一方面是因为初学，还有点新鲜劲儿；另一方面是还没有进入难度较大的阶段，所以达·芬奇不觉得困难。但慢慢地他就觉得要掌握这种语言，学会用它来交流和写作，不是那么容易的事情。他知道，有的大作家如但丁，就不是用拉丁文写作的，而是用老百姓常说的意大利语。既然如此，那么学习拉丁语到底有多大的实际意义呢？他喜欢数学，因为数学无处不在，用处太大了。拉丁语学起来实在是太乏味了，叫人提不起劲头来。不过既然父亲有令，他还是硬着头皮，决心啃下这块难啃的"骨头"。

最令达·芬奇心驰神往的当然还是对大自然的观察和研究。他想，学校里的老师，只会教给他半死不活的拉丁语；而大自然这位老师，却可以教给他许许多多新鲜生动的知识，这些知识在学校里是根本学不到的。他有什么理由不钟情于田园、忘情于山水呢？攀登悬崖峭壁，欣赏美好河山；钻进山洞，探寻那里的奇景异物；坐在草丛之中，静静地观察色彩缤纷、姿态万千的花木……那才是最令他陶醉的事情呢！总而言之，自然风光、花鸟虫鱼、一草一木无不引起他的好奇，吸引着他去探索其中的奥秘。他仔细认真地观察着、研究着、描绘着。你看吧，他的那个小小的"实验室"里，摆满了小罐、小箱、小盒，里面装的全是些小动物和花花草草，什么蜻蜓、甲虫、蜈蚣、蟑螂、蝎子、刺猬……简直是应有尽有。对搜集来的这些"宝贝"，他都认真地观察和研究过，并把它们一一画了下来。这些动物各有几只翅膀、几条腿，那些植物各有几片叶子、何时开花、何时结籽、花是什么形状和颜色、它们各有什么特殊的功能和用途等，他都要弄个一清二楚。

老师对达·芬奇不满意了。一天，老师在路上碰到了达·芬奇的父亲皮耶罗。

"皮耶罗·达·芬奇先生，您的儿子是个非常聪明的孩子，他在数学方面经常向我提一些稀奇古怪的问题，但拉丁文学得不好。他的拉丁文本来也是可以学得很好的，但是我不得不失望地告诉您，皮耶罗先生，他学得相当蹩脚。因为他没有把精力花在这上面，而是用在玩弄那些小动物上面，整天漫山遍野地跑，胡涂乱画，浪费纸张。您得好好管管了，不然，他将来什么也学不成。"老师对皮耶罗说。面对受人尊敬的皮耶罗，老师的语气还算平和，但他在批评达·芬奇时就尖刻得多了，他已经不止一次当面怒斥达·芬奇"没出息"了。

"谢谢老师。"皮耶罗是个明白人，他从老师的话语中，已经体味到老师对自己儿子无法掩饰的怒气了。

皮耶罗心里当然很不是滋味。他怎么也弄不明白，达·芬奇这个求知欲很强的聪明孩子，怎么就学不好拉丁文呢？回到家中，他把儿子叫了过来。

"列奥纳多，老师对我说了，你的拉丁文学得很糟糕啊！"父亲板着面孔，没好气地说。

"是的，父亲，我的拉丁文是学得不好。"达·芬奇低着头回答。

"那你为什么不多下点工夫呢？"父亲严厉地训斥道。

"父亲，我的工夫是下得还不太够，不过……"达·芬奇有点迟疑地说。

"不过什么？你说清楚。"父亲追问道。他的态度依然很严厉。

"父亲，我觉得花那么多时间去学拉丁文，有点不大合算，还不如多去观察和研究一下自然界的事物。我对这方面有着浓厚的兴趣，也许这对我今后的发展更有用处。"达·芬奇说。在严厉的父亲面前，他虽然不无胆怯，但还是大着胆子坦诚地说出了自己的真实想法。

"我跟你说过多次，列奥纳多，能不能掌握拉丁文，这是衡量一个人是否有学问的重要标尺，社会就是这么看的，你不应该在这件事上落后于人。"父亲说。他虽然并不完全赞同儿子的看法，但口气已经缓和了许多，"我不能勉强你一定要服从我，但你现在已经是个十三四岁的男子汉了，你可不能虚度光阴，荒废学业。一个人要在这个世界上站稳脚，就必须得有一技之长。谁无一技之长，谁就一钱不值。对自己日后的出路，你心中可要有点数啊！"

"我明白了，父亲。"达·芬奇说。

达·芬奇感到，父亲的话分量很重，虽然对他没有过多的指责和批评，但句句都深深地烙印在他的脑海里。"谁无一技之长，谁就一钱不值"，这其中饱含着多少人生的体验和长辈对后辈的期盼啊！他非常感谢父亲，感谢父亲对自己人生道路的指点，感谢父亲对他的理解，并且不强迫他放弃个人的爱好，为自己的自由发展提供了广阔的空间。

达·芬奇一边继续学习拉丁文，一边依旧醉心于对大自然的观察和研究。他搜集的动物更多了，例如蜥蜴、壁虎、刺猬、毒蛇、蝎子等，还有各种鸟儿。他被鸟的飞行秘密所吸引，特别热衷于观察和研究各种鸟的翅膀。他测量鸟的翅膀的长度、身体的重量，数呀、量呀，画出各种草图，忙得不亦乐乎。他尤其喜欢绘画。他是个左撇子，用左手画画、写字。他经常为自己的家人和邻居画肖像，他的画受到了大家的称赞，村里人称他为"绘画神童"。

一天，父亲从城里回来，一位农民带着一块用无花果木制成的盾牌来找他，请他在城里找一位画家，在盾牌上画一幅画，并且要求画得越恐怖越好。皮耶罗想了想，决定把这个任务交给自己的儿子，试试他的手艺，看看被大家称为"绘画神童"的儿子的绘画水平到底如何。达·芬奇决心画一幅不同凡响的令人生畏的盾牌画。画个什么东西才能达到这样的效果呢？他想来想去，想起希腊神话中有个传说，说的是女妖麦杜萨，她的头发是一条条毒蛇，面目狰狞无比，能口喷火焰，特别是她的眼睛能使人失魂落魄，变成石头。女妖后来被一位希腊英雄所杀，这位英雄将她的首级献给了雅典女神，女神把女妖的眼睛嵌入自己的盾牌中，携带在身边，作为自己的护身武器。达·芬奇觉得这个神话符合自己所要绘制的盾牌画的要求。于是他就在完成学业的同时，用了一个月的时间把他平时搜集到的各种动物，如毒蛇、蝎子、蜥蜴、刺猬、蜈蚣、蚂蟥等，充分想象，综合各种动物的特点，在盾牌上绘出了一幅异常恐怖的景象：一个怪物两眼放火，鼻孔生烟，口吐毒焰，周身烈火燃烧。

达·芬奇对自己的作品十分满意。他要给父亲一个惊喜，于是他把窗帘拉上，仅留一条缝隙，让光线集中照射在盾牌上。然后，他到父亲的工作室请父亲前来观看。

达·芬奇来到父亲的门前，轻轻地敲了敲门。

"父亲，我想请您来一下，有空吗？"达·芬奇问。

"嗯，什么事？"父亲应道。

"来了您就知道了。"达·芬奇守口如瓶。

他领着父亲走进自己的屋子。屋内很暗，父亲抬头一看，只见在一束强光下，一个面目狰狞的怪物正凶神恶煞地向自己逼视着迎面扑来。父亲猝不及防，不禁惊叫起来，吓得向后倒退了好

几步。

"这是我画的盾牌画。父亲，您交给我的任务完成了，请您把这幅画交给那位农民吧。"达・芬奇对父亲说。他从父亲惊恐的样子中看到了这幅画所产生的效果，心里异常兴奋。

惊魂未定的皮耶罗对儿子这幅别出心裁的作品自然也十分满意。"嗯，果然名不虚传，这小子还真有点绘画天赋。"父亲想到，但他没有也不想当面表扬达・芬奇画得好。

"看你画了些什么呀，一幅百怪图！"皮耶罗佯装生气地说。律师固有的矜持，使他说出了这样一句既像是夸奖又像是责备的话。

皮耶罗见多识广，知道这幅盾牌画的价值。他从商店里另买了一幅盾牌画给了那位农民，而把达・芬奇画的这幅盾牌画以 100 金币的价格卖给了一位商人，这位商人又以 300 金币转卖给了米兰大公。

小小年纪，就画出如此不凡的作品，这显示出达・芬奇确实是一位艺术奇才。可惜，这幅盾牌画后来没有被保存下来。

皮耶罗好不得意！此时，他的律师业务越做越大，十分红火；儿子又如此富有才干，前途无量；爱妻照料家务井井有条，母亲身体健康，自己没有任何后顾之忧。像他这样美满幸福的家庭，在镇上真是屈指可数。他越想心里越美。

然而，就在这个时候，一件不幸的事情降临到他的头上：他的爱妻阿丽琵耶拉突然去世了！

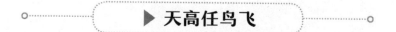

▶ 天高任鸟飞

阿丽琵耶拉是一个非常温良宽厚的人，家中大小事务都离不了她，是家里的顶梁柱。她患上了热病，这是一种怪病，当时对治这种病还没有什么有效的药物。她在床上躺了好长时间，发高烧、说胡话，有时甚至昏迷不醒。皮耶罗到处为她延请名医医治，均无多大效果，年仅 24 岁的她不治身亡。在外人眼中，这样一个美丽、温柔、善良、可爱的姑娘，年纪轻轻就撒手人寰，太令人痛惜了。

这对达·芬奇一家来说，更是一个沉重的打击。皮耶罗为失去爱妻而痛心疾首；奶奶为失去这样一个好媳妇而暗自垂泪，郁郁寡欢；达·芬奇深受后母的关爱，母子感情深厚，更是为她的死而痛哭不已。事实上，达·芬奇很早就已经知道阿丽琵耶拉不是他的亲生母亲，但他还是把她看成亲生母亲那样，因为她对自己很好，就像亲生母亲一样爱他。现在，她已经永远地离自己而去了，再也见不到她那动人的微笑了，到哪里再去找这样的好母亲呢？

他永远不会忘记，母亲临死之前把他叫到跟前，握着他的手，断断续续地说："孩子，我不行了，不能再同你生活在一起了……你是个非常聪明的孩子，将来准会大有出息的……你不要放弃自己的追求……"

"妈妈，你不能死，不能死啊……"达·芬奇撕心裂肺地呼喊着，早已哭成了一个小泪人儿。

悲伤之余，还有一个问题他不能不想，那就是他的亲生母亲特丽娅现在在哪里。他曾经向一些人打听过，大家都说特丽娅生下他以后，因为皮耶罗没有娶她，她在村里抬不起头来，就离家出走了，从此杳无音信。他深为自己生母的不幸而叹息。如果说他对父亲有什么不满的话，那就是父亲对他的生母特丽娅太无情无义了。这是心地善良的他对父亲最不能理解和原谅的一件事。在这个问题上，父亲的所作所为深深地刺痛了他，使他对父亲一直心存芥蒂。

达·芬奇想，父亲肯定还要再给自己找个后妈，谁知道这个后妈会对自己怎么样。她能像阿丽琵耶拉妈妈那样对我好吗？如果她对我不好，我就离开他们，远走他乡。

父亲皮耶罗当然不知道儿子的心事。这位律师寂寞难耐，很快就忘记了亡妻之痛，在外面寻欢作乐了。只是担心受到母亲的责难，没敢立即提出再婚的事。没过多久，他终于按捺不住，向母亲提出了再婚的事。

"没有妻子的生活，我再也无法忍受了。家里没人照料家务，我要再娶一个妻子。"他向母亲哀求道。

"你又看中哪个姑娘了？这个人怎么样？能不能撑得起这个家？她脾气怎么样？懂不懂规矩？能保证她对我孙子好吗？"奶奶向儿子提出了一连串的问题。

"妈，这是位好姑娘，她来了您就知道了，不会错的。"皮耶罗很有把握地说。

家里需要有人来照料，母亲只好同意儿子再婚。皮耶罗很快就把新娘娶进了家门。

继母名叫佛朗切斯卡·朗费尔姬妮，今年15岁，只比达·芬奇大一岁，个子比他还要矮一点。她对大家腼腆地微笑着，分明还是个天真无邪的孩子，如今她却走进了这个家庭，成为达·芬奇的继母，这让他怎么叫得出口呢？奶奶对这个儿媳也有几分疑虑，左看右看，怎么看也不像一个当妈妈的人，她能撑得起这个家吗？

俗话说得好："人不可貌相，海水不可斗量。"没想到新媳妇一进家门，就博得个满堂彩。佛朗切斯卡长得很漂亮，大眼睛、白皮肤，一头金发，身材苗条。她生性快乐、活泼可爱、为人随和，同谁都合得来。别看她年纪小，对农活却样样通，是个操持家务的能手。她来到皮耶罗家没多久，就赢得了家中所有人的信任。

父亲皮耶罗还是常在外面办案，常跑佛罗伦萨，忙他那些没完没了的诉讼。娶到这样一位妻子，他便放心了。

奶奶对这位新来的媳妇也很满意，笑口常开，逢人都夸她如何如何能干，新媳妇听了也很高兴。

达·芬奇与这位新妈妈相处得也很融洽。也许是年龄相近的关系，两人好像特别能说到一块、玩到一起。她常常陪达·芬奇一起出去玩耍，上山捉昆虫、捕小动物，玩得十分开心。

"哎，达·芬奇，我看你用那小纸盒装动物不好，让它们太憋气了。你想不想用柳条编些小笼子，把它们装进去呀?"佛朗切斯卡建议道。

"那当然好啊，可是我不会编呀!"达·芬奇说。

"这太容易了，以前我在家同大人们一起编过各种各样的筐子和笼子，大的小的都有，还拿到街上卖过呢!"

"那太好了! 你也为我编几个，行吗?"

"当然行啦! 那咱们现在就折点柳枝吧，多折一些，多编几个，好不好?"

"好极了!"

于是，两个人便欢天喜地地忙碌起来。此时正是春天，柳树刚刚发芽，枝条非常柔软，不一会儿，他们就折了一大堆。

当他们一人抱着一捆柳条回到家的时候，奶奶发愣了。

"你们弄来这么多柳条干什么呀?"奶奶问。

"奶奶，我们要给我的那些宝贝编小笼子，改善改善它们的居住环境呀!"达·芬奇调皮地说。

新妈妈的手可真巧，不到两天工夫，她就编出了大大小小20多个笼子，在院子里放了一大排。达·芬奇把他从山上捕来的那些"战利品"一个个装了进去。他对这位新妈妈的印象非常好，她也同阿丽琵耶拉妈妈一样，经常面带微笑，笑容是那么富有魅力。达·芬奇同这位新妈妈的关系，与其说是母子，还不如说更像姐弟。他们谁也不计较对方对自己的称谓，很快就接受了对方。

就在这个时候，皮耶罗决定全家迁往佛罗伦萨。芬奇镇离佛罗伦萨30千米，不算太远，但也不能说近。这些年来皮耶罗既在镇上办案，也在佛罗伦萨办案，两头跑来跑去，很是不便。芬奇镇毕竟是乡下，发展的天地有限。为了更好地拓展自己的律师业务，也为了给他聪慧的儿子达·芬奇提供一个更为广阔的发展天地，他早就有迁往佛罗伦萨的打算了，只是由于财力不足，这个愿望一直未能实现。如今，他在佛罗伦萨已经打开了局面，请他办案的人数不胜数。不久前，他刚为一位百万富翁办完一宗诉讼案，帮那位富翁夺回了一笔可观的遗产。这位富翁非常高兴，支付了他一笔数目不小的酬金。皮耶罗用其中的一部分在佛罗伦萨买了一套住房，迁居佛罗伦萨的愿望终于实现了。

由世代居住的乡下迁往城市，是皮耶罗全家的大喜事，更是达·芬奇的大喜事。它为天生聪慧的达·芬奇带来了新的发展机遇，改变了他的一生。

当时的佛罗伦萨是意大利的文化艺术中心，是欧洲思想和精神最为活跃的地方。在这里，有数不清的漂亮建筑物，特别是那些教堂，更是美不胜收。那些罗马式教堂建筑，有厚厚的石墙、狭小的窗户、低矮的圆屋顶，里面架着粗矮的柱子，门和窗的上部都饰以圆弧形的拱环；教堂内部有精美的画像和雕像，处处让人感受到宗教的神圣与庄严。那些后起的哥特式教堂建筑，则更加精美，它们以尖形拱门代替了罗马式的半圆形拱门；外部有许多高耸的尖塔，墙壁较薄，窗户较大，还装饰着彩色玻璃图案，显得非常华美；内部圆柱较细，光线相当充足，门前饰有许多形象生动的浮雕和石刻。那高耸的尖塔，把人引向虚无缥缈的神秘天空，叫人忘却今生，幻想来世。

在佛罗伦萨，由于执政的美第奇家族的大力倡导和支持，艺术在这里备受推崇。这里保存了大量的古希腊、古罗马的艺术遗产，艺术事业十分繁盛。在这里，每一条街都是一个丰富多彩的艺术博物馆，它教你热爱艺术、通晓艺术；在这里，艺术家备受尊重，不仅是贵族，连普通市民都对艺术有着浓厚的兴趣，具有相当高的艺术造诣。历史证明，文艺复兴的发展在这里超过了意大利任何一个公国。

皮耶罗一家坐着马车来了，佛罗伦萨就出现在他们面前。达·芬奇过去曾随父亲来这里玩过一次，但匆匆忙忙就走了。这次全家迁到这个城市来居住，要在这个繁华的地方度过以后的生活，达·芬奇心里特别兴奋。眼前的景致是这么新鲜，与乡间是那么不同，一切都显得那么高雅、那么繁荣。

"列奥纳多，你看哪，远处那个圆顶就是佛罗伦萨大教堂。"皮耶罗用手指着说。

"看见了，看见了！"达·芬奇高兴地叫道。

在碧空如洗的天宇下，圣明雅托丘陵显现出来了，无数个房屋、宫殿、修道院、塔楼、钟楼在繁花绿树中隐隐约约地闪现着。一幢幢高大的建筑物上，用上过釉的、焙烧过的陶土塑成的各种奇美无比的浮雕造型，闪耀着令人眼花缭乱的光彩；一座座壁龛里大理石雕刻的圣母像仿佛在向人们讲述着《圣经》的故事。

"这里真美啊！那些浮雕做得多好呀！"达·芬奇禁不住赞叹道。

"是的，孩子。佛罗伦萨是一座艺术的殿堂，随便你走到哪里，都可以看到壮丽的建筑、精美的雕塑。你在普拉托大教堂可以看到著名雕塑家多纳太罗的青铜雕塑《大卫》。咱们家的旁边，就是有名的佛罗伦萨主教堂洗礼堂，它的北门和东门都是著名雕塑家吉贝尔提用青铜制作的浮雕，每扇门都花了20多年的工夫才完成，精美绝伦，备受行家们的称赞。"

"好像但丁曾经在他的《神曲》中讲过这个地方，爸爸，是不是？"

"正是。佛罗伦萨好看的地方多着呢，等安顿好之后，你好好去看看吧。"

皮耶罗一家住了下来。房舍虽然简朴但很典雅，与他们在乡下的住房相比，完全是两种不同的风格和档次。一年之中，娶了一位可心的妻子，又迁居佛罗伦萨，真所谓"双喜临门"。皮耶罗

真是春风得意，好生欢喜。达·芬奇看到世界上竟有这么美丽的地方，更是兴奋异常。奶奶和妈妈也为能在城里生活感到非常高兴，全家其乐融融。

几天时间，达·芬奇就把全城跑了个遍。他四处游玩，尽情地饱览、感受着这座艺术名城的美丽。佛罗伦萨的大街小巷、修道院、钟楼、塔楼、殿堂、图书馆、珠宝店、家具店、雕刻匠和铁匠的作坊，都留下了他的足迹。他瞪着一双好奇的眼睛，观赏着、品味着、思考着。这里的所见所闻，无不令他惊奇万分，赞叹不已。那些大理石雕塑、青铜塑像和浮雕，一切都是那么美妙、那么动人心魄！商店里的那些珠宝、首饰，也是那么精致无比！就连细木工匠作坊里的那些雕花家具，也件件都是精美的艺术品，令人叫绝！

"佛罗伦萨真不愧是一座艺术之城！那些艺术大师和能工巧匠们竟然能创造出如此光辉灿烂的作品，他们的创造力真是太伟大了！"达·芬奇不禁赞叹道。

同时，一件非常新奇的事情给达·芬奇留下了深刻的印象。连续几天，他都在街上遇到相同的情形：经常有青年在路上老远就向一些不知是什么身份的人脱帽致敬。他感到很奇怪，询问之后才知道，原来那些人是艺术家。

"小伙子，你是刚到佛罗伦萨来的吧？你大概还不知道，在这里，所有的建筑师、雕刻家、画家、珠宝匠都被贵族和神父邀为上宾，享有崇高的地位，受到全社会的尊重。"路人向他解释说。

就像禾苗遇上了适宜它生长的土壤、雨露和阳光一样，列奥纳多·达·芬奇就是在佛罗伦萨这样的社会环境、文化氛围中开始了他的新生活。在这片艺术和学术的沃土上，他得到了充分的滋养，迅速成长起来。

"海阔凭鱼跃，天高任鸟飞。"他纵情遨游、展翅高飞，终于成长为意大利文艺复兴时代的历史"巨人"。

名人名言·尊严

1. 做人不可有傲态，不可无傲骨。

——〔清〕陆陇其

2. 每一个正直的人都应该维护自己的尊严。

——［法］卢　梭

3. 自尊，迄今为止一直是少数人所必备的一种德行。凡是在权力不平等的地方，它都不可能在服从于其他人统治的那些人的身上找到。

——［英］罗　素

4. 自尊自爱，作为一种力求完善的动力，却是一切伟大事业的渊源。

——［俄］屠格涅夫

5. 我们可以把我们的财物、生命转借给我们的朋友，以满足他们的需求，但是，转让尊严之名，把自己的荣誉安在他人头上，这却是罕见的。

——［法］蒙　田

6. 无论是别人在跟前或者自己单独的时候，都不要做一点卑劣的事情：最要紧的是自尊。

——［古希腊］毕达哥拉斯

7. 人应尊敬他自己，并应自视能配得上最高尚的东西。

——［德］黑格尔

8. 谁自重，谁就会得到尊重。

——［法］巴尔扎克

9. 自尊心是一个人灵魂中的伟大杠杆。

——［俄］别林斯基

成长关键词：兴趣广泛、善于思索、精益求精

Da Vinci

◁ 第二章 ▷

Da Vinci

雏鹰展翅

愚昧将使你达不到任何成果，并在失望和忧郁之中自暴自弃。

——［意大利］达·芬奇

▶ 画 蛋

　　安居不久，皮耶罗担心进城后达·芬奇失去家乡的伙伴，而自己又忙于公务没有时间关心他，怕儿子会陷入孤单，变得自闭，所以他想也许该让达·芬奇追随一位老师学习本领了。

　　其实，达·芬奇早就替自己选好了一位心仪的老师。

　　达·芬奇去参观大教堂的时候，经常在街上遇见一个小老头。他的学生们和"粉丝"们总是围着他，问这问那。他就是著名学者托斯卡涅里。托斯卡涅里是在当地乃至意大利和世界上都享有盛名的数学家、天文学家、医生和哲学家。他个子不高，不大爱笑，显得有些清瘦而古板，但精神矍铄。

　　每个顽童都知道这个老头的名字。很多城里人只要一提这名字就会肃然起敬。因为这个其貌不扬的小老头曾写信给航海家哥伦布，把他在数学和天文地理方面研究的成果告诉了他。在信里，他向哥伦布证明了去印度的道路并不像一般人所设想的那么远。在他的鼓励和帮助下，哥伦布发现了新大陆。

　　达·芬奇打听到托斯卡涅里的家就住在大教堂对面的弄堂里，于是每次走过这位学者家的窗前时，他都忍不住要踮起脚尖，贴近高高的窗户去看一看这位大名人在里面搞什么研究。有一次他看见这位伟大的、令人崇拜的学者正在工作台边紧张地摆弄一只甲虫。工作台上放着许多仪器、烧杯、化学药品。他的背后是高高的书架，上面堆满了厚厚的、令人望而生畏的书。

　　达·芬奇非常敬畏这位老人，并且不由自主地被他吸引。"我多么希望自己能成为这位大师的学生啊！"达·芬奇想。

但是小老头很古怪，只收了几个弟子，常常窝在实验室里做实验、搞研究；而且更怪的是，他不结婚、吃素食。后来，达·芬奇也继承了这位老师的"怪癖"。

一连几天，托斯卡涅里老是见到一个身影在自己的住所前徘徊。他很纳闷，这是谁呢？为什么老是在我家门口走来走去呢？会不会是小偷？于是托斯卡涅里从屋子里面踱了出来。

"你是谁家的孩子啊，为什么老在我家门口转悠？你找我有什么事情吗？"

达·芬奇有些嗫嚅，但语气诚恳而坚定地说："先生，我叫列奥纳多·达·芬奇，我想跟您学数学。"

托斯卡涅里见这个孩子目光中透着一股灵气，便出了一道题目考他："建筑师造房子，要把九座房子造成三行，每一行都是四座，你能想出几种办法来？用△表示房子。"

他出完题目，就递给达·芬奇一块小石头，自己扬长而去了。

达·芬奇一屁股坐在地上，想着老师的题目，刷刷画了起来。等托斯卡涅里办完事情回家的时候，看到路上已经画满了图案：他已经有两个答案了。

达·芬奇蹲在地上，拿着那块石头，还在苦苦思索，是不是还有其他答案。

不过托斯卡涅里已经露出满意的微笑了。"哦，达·芬奇？"大师兴趣盎然，"告诉我，你为什么要学数学。"

"我从小就喜欢数学，还有科学。"达·芬奇从容不迫地回答，"而且，我记录过很多蚂蚁、虫子、蝴蝶以及飞鸟活动的日记。"

托斯卡涅里沉思了一小会儿，狡黠地一笑："除了这些，你还有什么本事吗？说来给我听听可以吗？"很明显，这有点故意刁难他了，一个孩子哪有那么多本事嘛。

"先生，我会制作谜语。"

"什么？这个倒不简单哦。那你出几个谜语让我猜猜吧。"托斯卡涅里突然对这个孩子充满了浓厚的兴趣。

达·芬奇充满自信地微笑着说："人类残暴地敲打他们所赖以生存的东西。猜一件事情。"他知道自己所作的谜语有很多奥妙，一般人是很难猜出谜底来的。他一连念了两遍，果然把托斯卡涅里考倒了。这谜语也太奇怪了，像是莎士比亚的诗句。

过了一分钟，达·芬奇一本正经地说出了谜底："是——打——麦。"其实，他心里快要笑翻了天。

托斯卡涅里一听这谜底，在心里惊叹一声，妙啊，一个小孩子能作出这样的谜语来，实在是不简单。但他又故意装作不服输的样子，说道："不行，不行，这个谜语我是可以猜出来的啊。这下，却被你先说出了谜底，要不再换一题?"

你瞧，接下来这场面倒好像是变了次序，在外人看来，达·芬奇简直就成了老师。

"森林诞生女儿，这女儿注定要反转来杀害自己的父母。猜一件物品，是什么呢?"

"兽皮强迫人类去打破沉默，去诅咒，去高声大喊。猜一个游戏。"

"别急别急，慢慢想。"

"嘿嘿，猜不到吧?"

其实这两个谜底，前一个是"斧头的木柄"，后一个是"踢皮球"。谁能猜到，那真是奇迹了。不过，托斯卡涅里承认这孩子真是太聪明伶俐了。

"先生，您瞧，您刚才已经连输了 3 道题，能不能收我做学生啊?"

面对这个诚恳的少年，数学家热情地询问他："你今年多大了?"达·芬奇回答说："我今年 14 岁了。"

"哦，是该学点什么了。"数学家说，接着他又补充了一句，"欢迎你！我的门永远向好学的人敞开！"

达·芬奇高兴得几乎要蹦起来，一夜都睡不着觉。

第二天，他便正式拜托斯卡涅里为师了。这时候，他父亲皮耶罗还蒙在鼓里。

几乎每一天达·芬奇都要去找数学家求教。当然，数学家托斯卡涅里也十分认真地聆听这个早慧的孩子所提出的种种问题，他支持达·芬奇参与科学实验、探讨科学话题。他的学说给达·芬奇留下了深刻的印象。

他们还共同思索人类的许多现实问题。为什么人类有不平等？为什么人类有欢乐和痛苦？为什么宇宙有星星和月亮？人体是怎样构成的？

托斯卡涅里对达·芬奇的进步感到欣喜。

少年达·芬奇以其沉稳而好问的个性打动了托斯卡涅里的心，他毫无保留地向达·芬奇传授他所知道的一切。达·芬奇非凡的才华也使托斯卡涅里感到十分惊奇，比如他可以在很短的时间内完成自己交给他的某一课题。

正如著名建筑师乔·瓦萨里所言，假如达·芬奇不是这么生性多能、兴趣广泛，他无疑可以在数学上达到极高的造诣。只是他缺乏恒心，所以对许多研究都是有始无终。乔·瓦萨里这样评价说，即以数学而论，虽然达·芬奇学习为时甚短，却已经能不断提出疑难问题，使他的老师无言以对。

假若达·芬奇以后不再从事绘画，或许他就会成为一个数学家。但是拜数学家为师，确实使达·芬奇的前程一片辉煌。试想一下，假如达·芬奇不是从小就如此酷爱数学，假如他没有一定的数学功底，那么达·芬奇的绘画艺术也绝不可能达到登峰造极的程度。

现在，他和数学家几乎成了忘年交。

数学家在住室的地板上来回地踱着方步，捋着他那蓬银色的胡子，饶有兴趣地听达·芬奇诉说家事。

除了数学，达·芬奇还向托斯卡涅里学习了物理和天文学知识。

夏夜，他们经常在佛罗伦萨郊外小山上的守林人的小屋里，观察宇宙和自然的奇异现象，探究自然法则和规律。托斯卡涅里越来越发现他的学生是位科学天才。

达·芬奇也渐渐地明白了，知识是一种多么伟大的力量！他从此立下了探索知识、造福人类的宏愿。不过，达·芬奇从来不曾放弃自己心爱的绘画与雕刻。

一次，达·芬奇向这位老师谈到了自己的家事。说起生母至今下落不明；说起继母阿丽琵耶拉的微笑，可惜因病早逝；说起慈祥的奶奶爱讲故事，很有哲理；说起父亲的严肃，大智若愚；说起新继母如何能干……托斯卡涅里一边听着，一边捋着他那蓬银色的胡子说："人类社会不正是如此吗？生生死死，明明灭灭，人可以改变一切，但又得承受一切，人们斗争过，也痛苦过。一切的一切，转瞬即逝……岁月就像一条河流，最终会冲淡这一切的！"

达·芬奇听了似懂非懂。他觉得老师讲得好，但太深奥了，他一时还理解不了。

父亲皮耶罗得知达·芬奇师从这位学者，迷上了数学，心里非常着急。他不喜欢数学，也不喜欢这位学者，认为这个古怪的学者不过是纠集了几个人在那里搞异端邪说罢了。研究科学在他看来是不会有什么出路的，他绝不能让他聪明过人的儿子跟着这个人胡来。

那么，让儿子干什么好呢？他本来想让儿子继承祖业，做个律师。但现在看来儿子不是那块料，天生对法律不感兴趣，一提起诉讼和案件方面的事就头疼，再劝儿子从事这方面的工作也是枉然。

哦，有了，就让儿子学绘画吧。儿子自幼喜欢画画，有这方面的天赋，无论画什么，只消不大工夫就能画出来，而且画什么像什么。很好，就学绘画。艺术家在佛罗伦萨可是受人尊重的职业啊，做个艺术家可以跻身上流社会。儿子一表人才，如果将来能够借艺术进入宫廷，为达官贵人服务，那就有机会飞黄腾达了。对，就这么办。

学画需要请名师指点。拜何人为师呢？皮耶罗想，维罗乔是当地有名的画家，又是他的朋友，就拜维罗乔为师吧，只要求他，他不会不答应的。

皮耶罗又一次把达·芬奇叫到自己的工作室里谈话。这可是关系儿子一生的大事，他要向儿子郑重宣布自己的决定。

"儿子，你已经长大了，该选择自己的职业了。根据你的特长，我决定送你到画师维罗乔那里去，做他的学生，你看怎么样？"父亲说。话里虽带有商量的口气，实际上却不容达·芬奇争辩。

"行，跟维罗乔大师学画，我同意。"达·芬奇爽快地回答道。他一向喜欢画画，对维罗乔也早已久仰大名，现在能到这位大师门下学习绘画，他自然非常高兴。

"好！咱们现在就去找他。"皮耶罗高兴地说。

他对儿子的态度十分满意。原先他生怕沉醉于数学的儿子对他的决定提出异议，没想到儿子这样明白事理，他的担心多余了。

皮耶罗迅速穿上结婚时做的新衣服，给儿子也穿上一套新装，就兴致勃勃地前往维罗乔的住宅去了。

维罗乔生于 1436 年，其貌不扬，首饰匠出身，后成为职业画家和雕塑家。他曾是多那台罗的学生，成名作是装饰在威尼斯广场上的威尼斯军队首领巴多明奥·柯列奥尼的骑马铜像。这件杰出的作品为他带来了极大的声誉和不朽的荣光。他制作的银质浮雕头像，精巧无比，远近驰名。他的画室和工场是意大利的艺术中心，是学术活动的重要据点，培养和造就了不少艺术人才。

维罗乔比同时代许多画家高明的地方，就在于他把科学和艺术结合了起来。他的画室，就是一个大胆地把数学、透视学、解剖学等应用科学和艺术相结合的艺术实验场所。正是在这里，达·芬奇受到了多方面的教育和锻炼，为他日后成为多才多艺、学识渊博的大师打下了坚实的理论基础。

皮耶罗带着他的儿子达·芬奇来了。

这是佛罗伦萨郊外的一个院落。院中一条小溪穿过，种有橡树、桃竹，还有一片菜地。绿树丛中，摆放着各种各样的雕塑，有人物雕像，也有马、狗、鸟等动物雕像；有成品，也有半成品。

"皮耶罗，我的朋友，欢迎欢迎。"维罗乔正在用黏土雕塑一个老人头像，看见皮耶罗带着一个孩子进来，便停下手中的工作，赶紧站起来招呼说，"这位小朋友是……"

"这是我的儿子列奥纳多·达·芬奇。他想拜您为师，向您学画画呢。"皮耶罗开门见山地说。

达·芬奇目不转睛地盯着院子里的那些雕塑，好像要把它们吃进自己肚子里似的。这一切真是太美了！他一进来就爱上了这个地方。

维罗乔看见达·芬奇对艺术那种如痴如醉的样子，打心眼儿里高兴，一下子就喜欢上了他。他先请他们父子俩到室内坐下，自己去洗了手，也坐了下来。

"这孩子兴趣广泛，从小就喜欢画画，也喜欢科学。他如能成为一个画家，那也是他的造化，是我们全家的荣幸。您先看看他画的这些素描，如认为还可以造就的话，就请您收他为徒。他是个好学上进的孩子。"皮耶罗言辞恳切地说。

维罗乔一页一页地翻着，看得很认真、很仔细。在这个孩子的笔下，马的各种跑动姿态、鸟的振翅欲飞的动感，都被他准确地描绘了出来。这个孩子对大自然的观察是那么细致、那么敏锐。维罗乔看着，不时轻轻地点点头，这个孩子的绘画天分很高，非同一般。他想，在他带过的所有学生中，还没有一个像达·芬奇这样具有绘画天分的人。

"他曾经拜过老师吗？"维罗乔合上本子，向皮耶罗问道。

"没有。他对画画兴趣很大，都是他自己一个人成天在那里乱

成长关键词

兴趣广泛、善于思索、精益求精

涂乱画，没人指点过他。我不懂绘画，也没教过他。"皮耶罗回答说。

"画得不错。真是无师自通啊！好，我收下这个学生了。"维罗乔爽快地说。

达·芬奇拜师学艺的事情就这样圆满地成功了。他们三人都很高兴，两位老朋友还端起酒杯祝贺维罗乔同达·芬奇正式建立师生关系。皮耶罗按照他的职业习惯，还郑重地同维罗乔签订了一份教学合同。

达·芬奇从此开始了师从维罗乔学习绘画的生涯。他离开自己的家庭，和他的同学们吃住在老师的家里。

维罗乔是学生的良师益友，对学生既十分关心，又要求非常严格。他特别重视绘画基本功的训练。

达·芬奇进了他的画室之后，他教达·芬奇的第一课就是画蛋。达·芬奇很听老师的话，他把老师给的蛋小心地放在桌子上，调换着不同的角度，天天照着去画。一天天过去了，一月月过去了，老师也不教他画别的，每天除了画蛋，还是画蛋、画蛋、画蛋……何时才是个头呢？达·芬奇真有些不耐烦了。

"老师，您为什么总是要我画蛋？什么时候才能开始学画画呀？"达·芬奇终于憋不住了。

"怎么，不想画蛋了？画好这小小的鸡蛋可不简单！你要知道，在一千个鸡蛋里面，从来没有两个形状完全相同的。即使是同一个蛋，只要观察的角度不同、照射的光线不同，它的形状也不一样。我叫你多画蛋，就是为了训练你观察和把握事物形象的能力，使你能够随心所欲地表现一切事物，这样才能把画画好。要训练到手和笔都能娴熟地听大脑的指挥，那时你就可以开始学习绘画了。"老师回答说。他的语气亲切而又严肃。

达·芬奇听了，很是惭愧，知道自己还没有达到老师的要求，于是又专心致志地去画起蛋来。他勤学苦练，也不知又画了多长时间，只见一张张的纸上画满了各种形状的鸡蛋。

第二章　雏鹰展翅

经过严格的基本功训练之后，达·芬奇终于开始学习绘画了。他和其他学生在老师的指导下，每天至少要画一幅素描，有时一天要画两三幅。

老师经常给他们讲课，讲文学艺术方面的知识，介绍文艺复兴以来的绘画名作和学术名著；传授绘画技能，教他们

达·芬奇画蛋

识别颜料质量和研磨颜料的方法。除了这些，老师还教他们数学、光学和解剖学等方面的学科知识，告诫他们艺术创作要建立在科学的基础之上。

一天，他们在老师的指导下画一个模特儿。室内非常安静，只听见画笔落在纸上发出的声音。

老师在画室里踱来踱去，看着每个人画的画。他边踱边说："大家注意，要先画好骨骼。画好骨骼后，再在上面画上肌肉和腱，然后再在上面盖上皮肤。为什么画人要先画好骨骼呢？因为不画好骨骼就很难找到人体的正确比例。要想成为一个艺术家，单靠苦干和技能是不够的，还必须懂得科学、懂得数学。要画好人体，就离不开数学的帮助。一个艺术家，如果只掌握了一点绘画的技能，而不懂得数学、光学和解剖学等方面的学科知识，那么，他是很难成为一个出色的艺术家的。"

达·芬奇听得入了迷，他非常赞同老师的观点。

课后，达·芬奇找到了老师。"老师，听了您的话，我很受启发。到画室这几年来，我学到了不少东西，明白了绘画中的构图、透视和色彩的明暗关系都离不开数学和光学。我想，各门科学如数学、解剖学、透视学、光学和力学等，都是绘画所不可缺少的，否则，我们就像盲人在黑暗中行走。可不可以这么说，发展艺术，就要把科学引入艺术中，实现艺术和科学的结合。您

说，我说得对吗，老师?"达·芬奇轻声细语地问。

"你说得很对，达·芬奇。"维罗乔老师说。他十分惊讶，想不到这个孩子对艺术和科学的关系理解得如此透彻。

▶ 青出于蓝而胜于蓝

刚到维罗乔画室不久，达·芬奇的绘画才能就被大家所肯定。在这里，他好学深思，却从不恃才傲物；性格温和，与人相处总是礼让为先。因此，他与同学们的关系十分融洽，不到半年的光景，就结交了几个知心朋友。

一个是别特罗·旺努奇。他比达·芬奇大几岁，身材高大，体格健壮，爱打抱不平。他到维罗乔画室学艺比达·芬奇早，知识渊博，不过对画素描他却没有那样的耐心，远不如达·芬奇细心。在这方面，他遇到了什么困难，总是找达·芬奇帮忙。达·芬奇也总是有求必应，热心相助。

另一个是洛伦佐·迪·克列吉。在同学中他年纪最小，体弱多病。达·芬奇对这位小弟弟非常关心，常常替他上街去为老师买绘画用品。当他生病时，常常守护在他的身边，为他请大夫诊治，喂他吃药、喝水。这位小弟弟也对达·芬奇十分感激，对他崇拜得五体投地，不仅在绘画上以他为榜样，而且在衣着打扮、行为举止上也刻意模仿。同学们都笑洛伦佐·迪·克列吉是达·芬奇的"影子"，他听了也毫不在乎，反倒认为这是件荣耀的事情。

还有一个是绰号叫桑德罗·波提切里的血性青年，他后来成为意大利的著名画家。他比达·芬奇大 8 岁，本是画家菲力波·利彼的学生，但他经常到维罗乔画室来学习，接受维罗乔的指导。

同达·芬奇一样,他也是一个善于观察大自然的人。他看出达·芬奇是这个画室中最有发展前途的画家,而达·芬奇也知道波提切里是老师带的学生中画得最好的一个。波提切里经常和达·芬奇一起探讨一些有关艺术方面的问题。在讨论中,他们彼此都感到对方颇有见地,有时尽管两人的见解并不完全相同,甚至争论得很激烈,但双方都感到自己从中学到了不少东西,收获很大。在学习中,他们结下了深厚的友谊。

如同波提切里在别的老师门下学习也可以同时到维罗乔画室学习一样,达·芬奇在维罗乔画室学艺,也没有妨碍他去托斯卡涅里那里求教。他依旧经常到这位学者家里学习数学、哲学等学科知识。那时候,大师们之间甚少有门户之见,他们对好学上进、求知欲强的孩子都特别喜欢,经常鼓励年轻人多学点东西,他们的大门向一切好学的人敞开。同时,一个学生也可以拜几位大师为师,而他们对此并不介意。

前面我们提过,维罗乔的画室是一个学术和艺术的活动中心,因此常常吸引一些科学家、艺术家前来聚会,探讨有关学术和艺术的问题,交流自己的研究成果,畅谈自己的学术见解。托斯卡涅里就是这里的常客,以在上釉的陶器上进行创作而闻名遐迩的卢卡·捷拉·波比亚,还有画家菲力波·利彼,地理学家、天文学家卡尔罗·马莫基,也都是这里的常客。维罗乔在讲课时,在日常言谈话语中,常常把他们讨论的一些问题介绍给自己的学生,学生们耳濡目染,日积月累,受益匪浅。

达·芬奇在维罗乔大师的精心指导下,短短几年的时间,学识渐渐丰富起来,艺术上也大有长进。谁也说不清他画了、记了多少个本子。翻开来看看吧,那些本子上画满了各式各样的人物、动植物,写满了寓言、格言和哲学笔记,还有他听来的各种故事、歌谣、笑话以及许许多多的建筑草图、公式与数据等。从那一摞摞的本子、一张张的图画中,我们可以看出这位天才少年所付出的辛劳,看到他在走向成熟之前艰难跋涉的过程。

1473 年，圣·萨尔宾诺教堂向维罗乔定制了一幅《基督的洗礼》。这是一幅长达 177 厘米、宽 151 厘米的祭坛画。维罗乔大师精心构思，画面上不仅要出现耶稣和约翰，还要画上两个目睹这一神圣事件的小天使。紧张的创作活动由此开始了。

维罗乔大师的工作态度一向严谨，一丝不苟。对这幅画，他更是倾注了极多的心血。他是那么严肃、认真，以至于几年的时间过去了，仍然没有完工。教堂一次次催促后仍得不到结果，于是又派了人来，话说得很不客气。

"大师啊，我已来过多次了，按照合同规定，早就该交画了。这么着吧，咱们这次定个时间，限定复活节前交画，否则受罚。您看如何?"教堂来人说。

"好吧，我一定按时交画。真抱歉，让你跑了这么多趟。"维罗乔说。如果一切顺利的话，应该是有把握如期交出的。耶稣和约翰在画面上出现了，哦，不错，令人满意。一个小天使也画成了，虽然缺乏生气，但也说得过去。整个画面就欠另外一个小天使及人物背景了，画好之后就可以交画了。时间绰绰有余，看来不成问题。维罗乔在心里盘算着，对还未完成的工作也似乎很有把握。

真是"天有不测风云，人有旦夕祸福"，在这个节骨眼上，维罗乔却突然病倒了。达·芬奇立刻请来了既是学者又是医生的托斯卡涅里给老师看病。托斯卡涅里检查了一下，说问题不大，主要是劳累过度，需要好好调养。他给维罗乔开了个药方，让达·芬奇买来给老师服下，好好照顾他，并允诺过几天再来看维罗乔。

达·芬奇按照托斯卡涅里的嘱咐，每天按时给老师吃药，送汤送水，寸步不离地守在老师的身旁。数天之后，老师的健康开始慢慢恢复。

"达·芬奇，给我唱首歌吧。"维罗乔半躺在床上，依旧有气无力地说。表演是达·芬奇的强项。他有一副天生的好嗓子，并且擅长弹琴、吹长笛，他那悦耳的歌声和优美的琴声备受称赞，对此维罗乔早有所闻。

"好，那我就唱一首我们家乡的《五月节歌》吧。"达·芬奇说。

青松、山毛榉、月桂树，

花呀、草呀、草地和悬岩都闪闪发光，

比什么稀世的珍宝都要明亮，

这天空碧蓝晶莹多么美丽啊！

达·芬奇唱着，老师轻声和着，师徒二人，情意融融。

维罗乔老师这次生病康复得比较慢，过了几天，身体仍然没有完全康复，但他已经坐不住了。他在病中一直惦记着那幅祭坛画：还有一个小天使没有画，背景也没有画；已经画完的那个小天使，自己也不大满意；要把背景画好点，还需要再做点准备，到野外去写生。他掐指一算，现在离交画的日期只有 7 天了，得赶快行动。既然身体已经好转，那就不能再等了。他决定带达·芬奇去写生，因为这个年轻人在他生病期间对他的精心护理，使他心存感激。

"达·芬奇，走，跟我到希莫尼湖写生去。"维罗乔说。

"老师，您病刚好一点，去这么远的地方，您身体能吃得消吗?"达·芬奇说。他们要去的那个地方离佛罗伦萨 40 千米，他为老师的健康担心，怕老师承受不了长距离的奔波劳碌。

"为了画好画上的背景，非去不可。"老师果断地说。这位大师就是这么一副脾气，在创作上绝不敷衍了事。

于是，师徒二人上路了。

不巧的是，他们在途中遇上了一场暴风雨；所幸的是，此时他们的写生差不多已完成，此行的目的达到了。可是尚未痊愈的维罗乔，却又因受了风寒，一回到家就发起高烧来。无奈之下，老师把达·芬奇叫到了身边。

依照当时的惯例，在一幅大而繁杂的作品中，由大师亲自完成画面的主要人物和主要部分，由学生们协助大师完成其余的次要人物和一些小局部。这既可以减轻大师的工作负担，也可以锻炼和提高学生们的绘画能力。自然，能够得到这样机会的人，肯定是老师最得意的学生了。

"达·芬奇，我这倒霉的身体不听使唤，又发起烧来了。现在离交画的时间已经没有几天了，剩下的那个天使，还有背景，就由你来把它完成吧。这个天使，要画得不同于另一个，他是一个天真无邪的孩子，狂喜地看着基督受洗这一神圣的场面，却又不理解它有什么重要意义。怎么样，你愿意吗？"老师郑重地问。无疑，这是老师对他极大的信任。

"谢谢老师。我一定尽力把它画好，请老师放心，您好好养病吧。"达·芬奇感激地说。

达·芬奇反复揣摩着老师的创作意图，体会老师的绘画风格。他既要把这个小天使画得不同于另一个，又要与整个画面相协调，同时也要将背景与人物天衣无缝地融合在一起。

他也看出来，老师画的那个小天使并没有抓住孩子的特征，目光呆滞而无神。他要在这个小天使的旁边画上另一个跪着的小天使，面容既严肃又活泼，目光富于幻想，他对眼前发生的事情也并不是完全不知，而是有所了解。小天使那长满鬈发的头，要被一个薄薄的、晶莹的、像轻纱一样的光轮环绕着。天使的衣褶要自然而然地垂落下来，异常轻柔而美妙。他要通过对这个小天使的刻画，反映出儿童的活泼与可爱，表现自己对生母和继母的怀念与敬重之情。这个可爱的小天使，或多或少是他儿时的写照。

富有见解的创作意图、深切的感情体验、早已纯熟的表现技巧，在达·芬奇的尽情挥洒下，很快就在画面上被完美地表现出来。当克列吉第一眼看见达·芬奇画的天使时，忘情地叫了起来："你画的小天使太妙了，比老师画的还要好！"

维罗乔康复后，走进画室，看到画上这个新添加的小天使时，顿时脸上露出了喜悦的光芒。他上前抱住达·芬奇，左看右看，好像在他脸上有了什么新的发现。

"谢谢你，达·芬奇。你画的这个小天使，太完美了。任何人都看得出来，这幅画最出色的部分，就是这个小天使。"维罗乔热情洋溢地说。

这时，正好卢卡·捷拉·波比亚来了，维罗乔兴高采烈地拉着他欣赏这幅刚刚完成的作品，还特意把达·芬奇大大夸奖了一番。

"你看，这跪着的小天使画得怎么样，很不错吧？这是我的学生达·芬奇画的。他画的这个小天使比我画的那个好。"他又扭头对站在身后的达·芬奇说，"你画了这个天使之后，我都不敢再拿画笔，只能去拿雕刻刀了。哈哈哈……"维罗乔神采飞扬。

他笑得很开心、很真诚、很得意，也不免带点苦涩。从此，他真的不再作画，终身投入雕刻艺术。

老师的一番夸耀，把达·芬奇说了一个大红脸。

维罗乔把达·芬奇介绍给卢卡·捷拉·波比亚，请他收达·芬奇为徒。这位艺术家显然对眼前的这位年轻人很感兴趣，便答应收他为徒。从此，达·芬奇又多了一位老师。他比以前更忙了，只见他一会儿在维罗乔处工作，一会儿到卢卡·捷拉·波比亚那里学上釉陶器工艺，一会儿又跑往托斯卡涅里那里学习在当时被一些人认为是异端邪说的科学。"海纳百川，有容乃大"，一切有关绘画的技艺，一切有助于绘画的科学，如数学、生物学、透视学、解剖学、光学、宇宙学、物理学以及哲学、社会科学等，他无不涉猎、无所不爱、无所不学。达·芬奇在日后能成为多才多艺、学识渊博的历史"巨人"，绝不是偶然的。

按照教学合同，达·芬奇的 6 年学习期限已经到了，他也得到了"工匠"的称号。如果他愿意，就可以离开维罗乔大师，开设自己的画室了。事实上，他的那些同学们也差不多都出去独立工作了。但是，他不愿离开自己亲爱的老师，他觉得在这里可以学习到很多东西。于是他决定留在大师身边继续深造，使自己百尺竿头，更进一步。

　　达·芬奇的这一决定，让他的学友们感到不可理解，尤其是没有获得工匠称号的小克列吉，更是觉得不可思议。

　　临近结业的时候，达·芬奇回了一趟家。此时，达·芬奇已经搬回芬奇镇老家。奶奶已经因病去世了，母亲也发福了，父亲也明显老了。达·芬奇向父亲讲了他准备留下来继续跟老师学习的打算。同那些学友一样，对于儿子的决定，父亲也感到十分困惑。老实说，对于儿子总和那些研究科学的人混在一起的行为，做父亲的早已无法忍受。此刻，他向儿子提出了抗议。

　　"我不反对你留下来继续学习，但我已经老了，挣不了多少钱了，家里也不宽裕，你应该尽快开设画室，自谋生路，不要老是靠家里养活。"父亲说。

　　"是的，父亲。我已经长大了，应该自立了。"儿子说。

　　"还有，你总想多学点什么，这并没有什么不好。但你就不能离开那些'巫师'吗？老跟他们搅在一起，这对你有什么好处？他们能为你开辟生财之道吗？"父亲一直对儿子那么迷恋科学持有异议，一想到这一点，他就不免有些生气，他觉得自己是为儿子好，但儿子却丝毫不领情。

　　"父亲，这些事情，您老人家就不必多操心了。我知道该怎么做更好，您就多保重自己吧。"儿子平静地说。他知道，这种事情同父亲说是说不清楚的，也无须多说，否则反而会使他更生气。

　　达·芬奇平常很少回家，这次回家，父亲反对他学习科学的态度让他很不愉快。不过，父亲的那句"自谋生路，不要老是靠家里养活"倒是印在了他的心里。

　　父亲老了，无法再像过去那样维持起一个家庭的运转，自己也已经是 20 岁的人了，完全可以离开父母，自谋生路，依靠自己的才华在外面开创崭新的事业。

　　想到这里，达·芬奇似乎又充满了无穷的力量。好吧，就让我来大展一番身手吧！

▶ 何去何从

早在 1472 年，当达·芬奇在维罗乔画室学习期满之时，他的名字就已登在了佛罗伦萨画家行会的"红簿子"上。在当时，只有具备一定业务水平的画师才能上佛罗伦萨画家行会的"红簿子"。而现在，当他在维罗乔的画作《基督的洗礼》上画了那个小天使之后，又一下子在佛罗伦萨画界声名鹊起，他的名气越来越大了。

有了这个好的开头，达·芬奇开始了他的创作生涯。他在维罗乔画室当助手期间，创作了版面油画《受胎告知》和《加罗法诺的圣母》。1476 年，他离开了维罗乔画室之后又完成油画《贝诺亚圣母》《拈花圣母》和《宾契肖像》。后来，他又绘制了油画《圣·哲罗姆》，遗憾的是，这幅画未能完成。

1480 年，不到 28 岁的达·芬奇已是一位名扬佛罗伦萨的画师了，他成功开设了自己的画室，前来找他订货的人源源不断，应接不暇，单子一笔接一笔，堆积如山。他曾受托为佛罗伦萨市政厅维乔宫绘制祭坛画，为圣杜那托修道院绘制祭坛画《博士来朝》，可惜后来由于时局的变化，均未完成。

从一开始独立创作，达·芬奇就显示出了自己的创作特色。文艺复兴时期的所有艺术家几乎都是以宗教为题材。他们把世俗的内容注入宗教题材，这样，他们所表现的这些"圣人"已不再是无形无体的神灵，而是身体健康、充满活力、富有人的感情的现实的人。

达·芬奇与众不同的地方就在于，他很快就能从老一辈艺术

成长关键词 ↓ 兴趣广泛、善于思索、精益求精

家那种拘谨乃至肤浅中解放出来，着力于人物思想感情的刻画，所创造的艺术形象自然真实、别具一格，使科学和艺术完美地结合在一起。这一特色，在他趋于成熟的作品《拈花圣母》中表露无遗。这是一位用花在逗小孩玩耍的年轻美丽的母亲，她面带幸福的微笑，凝视着自己的孩子，孩子用胖墩墩的小手揪着母亲手里拿着的鲜花。整个画面流露出一种人性的纯真、母性的温柔，母子亲情被刻画得栩栩如生。这是圣母玛利亚首次以微笑的面容出现在画面上，一改以往那种严肃、呆板的面孔；她头上的灵光也不那么明显，并且从此以后就逐渐消失了。在这幅作品中，作为科学家的达·芬奇已经完全融入到作为艺术家的达·芬奇的创作之中了，实现了两者的有机结合。

不妨再来看看《圣·哲罗姆》和《博士来朝》这两幅作品。《圣·哲罗姆》艺术构思庞大，人物的内心世界挖掘深入，显示了达·芬奇的创作特色。特别是在《博士来朝》中，达·芬奇把前景人物与后景的兵马骚动做了强烈的对比，他用准确的透视法则，拉开了前、后景的距离，集中光亮在主要人物的身上，而使散光分布于他人。为了追求人体解剖的准确性，几乎所有的人物都用裸体，然后再给他们披上单薄的外衣。这样的处理方法，大概是得益于维罗乔大师的教诲。

从他受人之托为葡萄牙国王绘制的豪华地毯的图样，也可以看出在他的作品中艺术和科学的结合达到了多么完美的程度。碧绿的草地上，是两位人类的始祖——亚当和夏娃，以他们为中心，围绕着无数的奇花异草和珍禽异兽。不用多说，这样的选材，同他儿时对大自然的仔细观察和深厚积累是密切相关的。可以看出，在这里，作为自然科学家的达·芬奇和作为艺术家的达·芬奇已经水乳交融、合二为一了。

在这些最初的创作成果中，达·芬奇把他多方面的科学知识融于娴熟的艺术技巧之中，实现了科学和艺术的完美结合。他的作品着力于人物内心世界的刻画，丰富的思想内容，抒情诗般的意境，数学、透视学和光学的纯熟的运用，使他的作品具有一种柔和的风格，同15世纪大多数佛罗伦萨画家那种刚劲的风格区别开来。刚开始走上画坛的达·芬奇，就成为一位引人注目的独具特色的焦点人物。

达·芬奇的才华引起了佛罗伦萨的当权者洛伦佐·美第奇大公的注意，大公来邀请他进宫服务。洛伦佐·美第奇是欧洲最大的银行家、佛罗伦萨的统治者。他大力支持文艺复兴运动，到处招揽人才，奖掖（yè）艺术。在他身边，聚集了一大批科学家、艺术家和御用文人。不过，在哲学上，他却是一个唯心主义者。他在卡列吉别墅创设了柏拉图学院，组织人员翻译研究柏拉图的著作，提倡把柏拉图的哲学与基督教神学结合起来，这就和文艺复兴新文化批判宗教神学的精神指向相背离了。洛伦佐在艺术上追求形式美，欣赏精致细腻的装饰艺术，在思想内容上则比较贫乏。他创作的那些诗词，多是一些消遣娱乐性质的东西，内容空泛、苍白。所有这些，同达·芬奇追求的唯物主义、现实主义都不大合拍。达·芬奇入宫之后，没有受到洛伦佐应有的重视，也就不足为奇了。

在当时，为当权者所重视，被请入宫，对一个艺术家来说是一种莫大的荣誉，也是艺术家实现自己的创作理想的重要条件。达·芬奇对自己被邀请入宫十分高兴，因为这正是他所希望和所追求的。还在维罗乔门下当学生时他就明白，在当时的社会，聚财就意味着拥有权力，摆阔就能受到人们的尊敬，要想过上富贵的生活，就得进入宫廷，借助宫廷的力量，把自己的艺术创作和科学理想变为现实。现在他终于来到宫中，实现了自己的愿望，为自己刚刚开始的艺术创作和科学研究迎来了新的机遇。他怎能不为此感到高兴呢？他也明白，要得到当权者的重用，一要技艺超群，二要衣着华美、光彩照人，以引起人们特别是宫中权贵的注意。因此，来自农村、生性简朴的他，几乎把所有的收入都花在了置装上。他节制食欲，只留很少的钱做伙食费。而在公开场合，他总是把自己打扮成一个衣冠华丽的骑士，为的就是引人注目。

洛伦佐·美第奇是一个生活奢糜、挥金如土的人物，他为了显示宫廷的显赫和强大，经常组织盛大的宴会和游乐活动，吸引全城居民参加。达·芬奇开始也是这些活动最活跃的参与者。他在这些活动中积极帮助设计和策划、表演节目、画布景、设计服装等，充当了这个家族豪华生活的御用工具。

达·芬奇当然也明白，他来宫中的目的，并不是想在那种愚蠢而矫饰的宫廷生活中充当一个弄臣，而是为了得到大公的支持，施展自己的艺术和科学才能，进行艺术创作和科学研究。但是，为了实现自己的理想，他又不得不去扮演这样一个弄臣的角色，卑躬屈膝、阿谀奉承，以赢得权贵们的青睐。这是达·芬奇的喜剧，是时代的悲剧。

在一次骑士比武竞赛中，洛伦佐的兄弟朱里安诺来了，他身披盔甲，手持刀具，仪表堂堂；洛伦佐来了，他的头盔上插着黑色的羽毛，骑一匹黑马飞奔而来，威风凛凛。这时，全场观众欢呼起来。

洛伦佐坐到了主席台上，看见了达·芬奇。

"达·芬奇，今天我们兄弟俩参加比武，你的歌唱得不错，给咱们唱一首，助助兴。"洛伦佐发话了。

"谢谢殿下。"达·芬奇高兴地回答道。

悦耳的歌声在场上飘荡，观众中也有人跟着唱了起来。

"唱得好，唱得好，我很喜欢。以后常到我那里去，给我唱唱啊！"洛伦佐满意地拍着达·芬奇的肩膀说。

达·芬奇微笑着点点头。能得到大公的赏识、公众的赞扬，他当然很高兴。但他心里又觉得很不满足，他最希望的是洛伦佐把他当作艺术家和科学家来重视，在艺术创作和科学研究方面给他任务，让他的才华得到充分展示，而不是充当达官贵人们的一个娱乐工具，一味地给他们唱什么歌。

又有一次，宫廷在城市广场组织了马、牛、野猪、狮子、狗和长颈鹿参加的比赛。这是一场血腥的厮杀，惨不忍睹，但洛伦佐却在台上大声叫好，玩得十分开心。他连连夸奖这次活动办得好，主意想得妙。

达·芬奇也参加了这次活动，但他却不以为然，一点儿也高兴不起来，甚至在心里还有些许反感。

洛伦佐为了寻欢作乐，经常鼓励那些御用文人、学者为他如何才能尽情享乐出谋划策。达·芬奇也被洛伦佐认为是他取乐的一个工具。

于是洛伦佐找到达·芬奇，向他下达任务了。

"达·芬奇先生，我想举行一次大型的化装游行。这次游行要与以往的不同，由你来操办，你有什么好主意吗?"洛伦佐问。他两眼盯着达·芬奇，心想这可是对他的一次考验，看看他有什么高招。

"尊敬的殿下，这事我没有想过，一下子还说不出来。我想，过去已经搞过几次这样的游行了，规模都不小，都十分精彩，要超过前几次，在服装上恐怕需要一笔不小的开支呢。"达·芬奇说。洛伦佐为了寻欢作乐，不惜耗费民脂民膏，老百姓对此早已怨声载道。达·芬奇不想与他同流合污，但又不能直说，只好这样委婉呈词。

"经费问题你不用考虑。你的任务就是考虑如何把这次游行办好，让各国的人民看看我佛罗伦萨是多么强大!"洛伦佐说。他的话就是命令，不容违抗。

达·芬奇只好领命而归。谁叫他是洛伦佐的一个御用工具呢!他想啊、画啊，工作还没有一点头绪，一场可怕的社会动乱就爆发了。

原来，由于洛伦佐对人民的残酷压榨，激起了人民的反抗。佛罗伦萨名门大姓也借机起来争权夺利。先是实力雄厚的巴茨家族经过密谋策划，利用祈祷式，一剑刺死了朱里安诺·美第奇，刺伤了洛伦佐。后来，美第奇家族奋起反击，成为这场争斗的最终胜利者。美第奇家族进行了血腥镇压，马路上血流成河，400多人被判处死刑，不少人被吊在绞刑架上，佛罗伦萨陷入一片恐慌之中。

这就是发生在1478年4月的著名的"弥撒血案"。经过这场争斗，洛伦佐的势力更大了。

专制的杰作就是使人害怕，艺术家达·芬奇战栗了。

艺术和科学需要自由，达·芬奇需要自由，而这些在洛伦佐这里是无法得到的。达·芬奇对洛伦佐非常失望，陷入了极度痛苦之中。他想，在哲学观念和艺术追求上，自己尊重科学、重视实践，同洛伦佐的主张相矛盾，洛伦佐并不看重自己。如果说自己在宫中还有那么一点用处的话，那不过是因为他们把自己当作一个取乐解闷的工具，可以为他们捧捧场、歌功颂德罢了。至于自己的艺术才华和科学追求，在他们的心目中是没有什么地位的，他们一点儿也不重视自己，更说不上为自己施展才能提供必要的条件了。

达·芬奇明白，他不能再在这里待下去了，他需要寻找一个强有力的保护者和一个能够实现自己的理想及抱负、施展自己多方面才能的地方。

但是，这样的人在哪里，这样的地方又在哪里呢？

他听说米兰大公路德维柯·莫罗极其富有，而且对科学技术非常重视，常常予以奖励，自己可不可以到那里去呢？

在这人生的十字路口，他想到了父亲，他觉得应该听听父亲的意见，于是他又一次回到了家乡芬奇镇。

第二章 雏鹰展翅

他走过石板路，转过山楂树，一眼就看见自己家的老宅。它仿佛比过去又破旧了一些，院里的篱笆也东倒西歪，活像一个个站立不稳的病人。父亲一向勤劳，这些事过去都是父亲维护的，现在他身体不行了，这些事情也就没人管了。想到这里，他心中不禁一阵戚然。

父亲看见儿子回来，高兴得直掉泪。他比以前又老了许多，身子更佝偻了。他告诉儿子他又娶了一个妻子。

"你上次走后没多久，你母亲就去世了。我老了，没人照顾不行，所以又找了一个女人做伴，她叫卢克列茨亚。我去叫她出来。"父亲说着，步履蹒跚地向里屋走去。这个女人比较年轻，人长得还算端正，但笨手笨脚，什么都不会干。一顿简单的饭菜，也让她弄得乱七八糟。

达·芬奇真是感慨万千。他不禁想起了自己从未谋面的美丽而又可怜的生母特丽娅，也想起了温存善良的阿丽琵耶拉妈妈和天真活泼而又能干的佛朗切斯卡妈妈。生母不知所踪，两位继母又相继谢世，真是"好花不长开，好景不常在"！父亲在婚姻上到底是幸福还是不幸福，他想不清楚，也不愿多想。反正他不会像父亲那样，与其过滥，还不如没有。他这次回来，本来是想向父亲讨主意的，现在却连提出这个问题的兴致也没有了。父亲也没有问他回来有什么事情，在外面情况如何，工作是否顺利。他老了，已经想不了那么多了。真没想到，短短几年的光景，他对当今世事已那么漠然，无力给儿子指点迷津了。

达·芬奇要走了，父亲也没有多留他。

父亲把他送到村边。

"走吧，孩子，好男儿志在四方，好好干，父亲知道你会取得更大成功的。不管你到哪里，都祝你好运。"父亲流着泪说。此时的父亲，对儿子的艺术生涯已不再干涉，不再像过去那样与达·芬奇唱反调，也不想将儿子留在身边。他知道儿子还有一段漫长的道路需要他独立行走，他祝福儿子在自己选择的这条道路上越走越远、越走越好……

"谢谢父亲，您多保重。再见。"

父亲目送儿子走向远方，才拖着颤巍巍的步伐往回走。

达·芬奇，你将走向何方呢？

▶ **小试牛刀**

经过深思熟虑后，达·芬奇终于决定：到米兰去！他想，现在到处都是战乱和阴谋的意大利，只有米兰才有统一全国的实力。

米兰是意大利北部的一个大城市，经济很发达，以冶金技术闻名全欧，也是著名的粮食产地。可是对达·芬奇来说，物质的富足向来不是他所在意的，他最看重的是在这里自己能得到一个比较好的工作环境，可以在艺术创作和科学研究方面取得更大成就。米兰大公路德维柯·莫罗是一个生性残忍、视权如命的人，作为一个暴君，他同洛伦佐·美第奇在本质上并没有什么不同。不过，他虽然是一个专制统治者，但却喜爱艺术和科学，聘请了许多学者、诗人、作家、音乐家和画家到他的宫廷，将他们待为上宾。他在巴维亚城设立了一所大学，吸引了各方人才，使这里成为意大利的教育中心。达·芬奇想，自己作为一名军事工程师、建筑师、画家、雕刻家，莫罗准会欢迎他前往的。在这个地方，他应该是可以大有作为的。

主意已定，他立即给莫罗写了一封长信。在这封毛遂自荐的信中，他把自己多方面的知识和才能做了详细介绍：首先强调自己还是一名军事工程师，其次也是建筑师和水利方面的专家，然后才提到自己是一名画家和雕刻家。

他先讲了自己在军事方面的知识和才能："我掌握了一种建造既轻便又坚固的桥梁的方法。这种桥可以毫不费力地前后移动，借助这种桥可以追击敌人，当然在必要时也可以躲避敌人；另外还有一点，这种坚固的桥不会被火或恶战损毁，拆装也很方便……"

这封信洋洋洒洒，列举了他许许多多涉及战事的知识：他会制造各种炮和一种新型的毁灭性的火炮；会挖战壕、地道，有办法使河下面的隧道不发出噪声；会建造保护型的战车以攻击敌人；会制造水下防御和进攻武器即后世所说的军舰，以及适合海战用的枪弹等。

如果在和平时期，他也有自己的强项："和平时期，我认为自己亦有所擅长。在建筑方面，我的才能可以和建筑专家媲美；在绘画方面，我能和绘画高手并驾齐驱；同样，我也能完成大理石、青铜和黏土塑像，我浇铸的青铜骑马塑像将是大人与您享有盛誉的一家不朽的光荣和愉快回忆的永久纪念。"

总之是人所能为，我亦能为；人不能为，我却能为。难怪18世纪德国作家黎克特说，这样的口气"不是出自一位天才，便是出自一个疯子"。达·芬奇当然不是一个疯子，他在这里绝不是凭空胡说、自吹自擂，他相信自己有这样的实力，只要条件具备，他一定可以兑现自己的承诺。

达·芬奇求见洛伦佐·美第奇，向他告辞。他来到卡列吉别墅，收拾完行装，然后向洛伦佐的官邸走去。

洛伦佐坐在豪华的镶金座椅上，正在观赏一群美女在美妙琴声的伴奏下跳舞。别看他现在权倾一时、貌似强大，其实，阴谋和战争已经使国家财政到了崩溃的边缘，行将灭亡的阴影笼罩着他，他再也提不起过去那股精神劲儿来了。

无精打采的洛沦佐看见达·芬奇风度翩翩地走了进来，达·芬奇微笑着向他点头致敬。他轻轻地抬了一下他那胖胖的手，算是向这位艺术家还礼。

"尊敬的洛伦佐殿下，您卑微的仆人向您问好，并有一事相求。"达·芬奇走到大公身边，轻声对他说。"噢？请坐。"洛伦佐说。他向那些他早已看厌、听厌了的舞女和乐师们摆摆手，示意他们退下。

"这些人总是老调重弹，弄不出什么新花样，还不如听听但丁的《神曲》有意思呢。怎么样？你先给我朗诵几段《神曲》如何？"洛伦佐说。他知道，达·芬奇对《神曲》非常谙熟，已经到了倒背如流的地步。

达·芬奇是来辞别的，此刻他没有这个心境。"我来是向您辞行的，殿下。"达·芬奇从容地说。

"噢？去哪里，已决定了？"洛伦佐吃惊地问。事情来得太突然了，他怎么也没有想到，这个在他看来如此平庸的艺术家竟然会想到要走。

"到米兰去，殿下，还请您予以批准放行。"达·芬奇说。他态度果断，言辞恳切。

"米兰？难道先生不喜欢在佛罗伦萨工作啦？是我有什么对不起先生的地方吗？"洛伦佐有点不高兴地说，脸色很难看。

"我非常热爱佛罗伦萨，也非常感谢殿下对我的栽培，但我恐怕是无法创造出使殿下满意的作品来了，请殿下放我走吧。我想殿下是不会为难我的。"达·芬奇说。

一阵沉默，令人难堪的沉默。

"好吧，我不阻拦先生去米兰，你实在想走，那就走吧，希望先生能够在那里大展宏图……如果你在米兰待不下去了，随时都可以回来，我这里仍然接纳你。"洛伦佐终于打破了沉默。

"谢谢殿下的厚意。"达·芬奇礼貌地说。

就这样，达·芬奇结束了他在佛罗伦萨长达 13 年的学习和工作生活，这段时期史称"第一佛罗伦萨时期"。

1482 年，达·芬奇向米兰进发。这一年，他正好 30 岁，正是大显身手的年龄。他在米兰一住就是 17 年，度过了他一生中最辉煌灿烂的时期。

随他一同前往的，还有一位手艺人，他的名字叫佐罗阿斯特罗。佐罗阿斯特罗个子很高，体格健壮，极有正义感。他在熔铁时，一只眼睛被熔炉里溅出的火花烧失明了。他是达·芬奇唯一的助手和最忠实的朋友。

不久，他们来到了米兰。米兰大公路德维柯·莫罗早已看到了达·芬奇给他的自荐信，对他的到来表示热烈欢迎。

路德维柯·莫罗是佛朗西斯科·斯福查的二儿子。他的父亲斯福查出身平民，本是一个佣兵队长，因骁勇善战、足智多谋，打了不少胜仗，因而得到他的岳父——原米兰大公的器重。其岳父死后，他用武力和计谋夺得了权位。斯福查死后，把权力交给了他的儿子马利阿。马利阿是一个极端残忍而又荒淫糜烂的家伙，处置犯人时经常往犯人口中灌屎灌尿，以示惩罚，供他取乐。他死后，本应由其大儿子姜·加列阿卓继位，但此人生性懦弱，经过几番较量，大权终于落到颇有权谋的叔叔莫罗的手中。莫罗在米兰建立了强权政治，实现了较长时间的社会稳定和安宁。他也效法佛罗伦萨公爵的做法，广纳各地的艺术家、雕刻家、工程师、学者来为自己服务，为文艺复兴造势。

达·芬奇到米兰后没几天，正赶上莫罗在宫中举行盛大的晚会。在这里，这样的盛会是家常便饭。晚会上，人们演出各种各样的节目，有唱歌，有舞蹈，也有杂耍。莫罗同其他大公和权贵一样，也爱搞这类活动，在疯狂糜乱的娱乐活动中尽情享乐。

达·芬奇自然不会放过这个机会，他知道在这里如何能够博得权贵们的喜爱。他穿上从故乡带来的那套佛罗伦萨式的简约服装，披上那件玫瑰色的斗篷，提着他的银色诗琴，准备在晚会上一展歌喉。

达·芬奇走来了，当他经过米兰的中心广场——战神广场时，俊秀的面容、温文尔雅的高贵气度、漂亮的玫瑰色的佛罗伦萨斗篷，吸引了无数人的目光。

姑娘们在窃窃私语。"这位先生是谁？真漂亮，瞧那一派骑士风度！咱们好像从来没有见过呀？"

"哎呀，你还不知道啊？这是新来的佛罗伦萨赫赫有名的艺术家呀，听说他还是个工程师呢！"

"听说他还能弹会唱，是个出色的歌唱家，唱得可好呢！"

达·芬奇走进娱乐大厅，大厅里早已宾客满堂。他环视四周，只见大厅的大理石墙上画着奥林匹斯山诸神的形象；镀金的天花板上挂满了一串串鲜花，五彩缤纷，与金碧辉煌的装饰交相辉映；象牙雕刻装饰起来的柜子里，装着从各地搜集来的金银器具和珍贵的中国瓷器；雕花的椅子上放着丝织的靠枕，那是莫罗的座位。整个娱乐大厅处处都彰显出莫罗大公的奢侈和浮华。

笛子、风琴响了起来。莫罗和他满身珠光宝气的情人泽慈莉娅，还有他的侄儿姜·加列阿卓进来了。

一通歌颂的开场白之后，一个身穿红色衣服的人宣布晚会开始。

乐师们的比赛开始了。大家一个个登场表演，唱的内容无非是赞颂莫罗及斯福查家族的功勋，歌唱他们如何英明伟大。这些，莫罗已不知听过多少次了，所以已没有多大兴趣。

达·芬奇出场了，悦耳的和弦响了起来，琴弦叮咚作响。他没有歌颂莫罗的伟大，也没有赞颂泽慈莉娅的美丽和姜·加列阿卓的青春年少，而是盛赞宇宙的永恒与不朽，赞颂人类创造精神的不竭与伟大。这首歌的歌词是他自己创作的，曲子也是他自己谱写的。他的演唱充满激情。他唱的时候，全场一片寂静，大家都被他的歌声深深地吸引住了。当他唱完时，全场爆发出热烈的掌声。

莫罗的情人泽慈莉娅向他发出了邀请的手势。他迈着轻快的步伐走上前去，单膝跪在她的面前。泽慈莉娅微笑地从莫罗大公的秘书、典礼官那里取过月桂冠，戴在他的头上，并当场宣布她选中了达·芬奇作为她的骑士。达·芬奇激动地吻了吻她的手。

对在宫廷中的人来说，这自然是莫大的荣耀了。过去，不知道有多少人千方百计想得到这样的荣誉，而这位新来的佛罗伦萨人一踏进米兰的大门就得到了，这样的过程未免显得有些太过顺利，不得不叫人嫉妒啊！

看到达·芬奇精彩的表现让情人如此愉悦，莫罗公爵今晚也显得特别高兴，对达·芬奇也十分满意。晚会结束后，他叫来达·芬奇说："明天你来找我，谈谈你的工作。"

公爵的话让达·芬奇非常激动，初来乍到就获得了公爵和他的情人的赏识，他甚至有点得意地想，这不过是小试牛刀，好戏还在后头呢！

▶ 世界第八奇观

第二天，公爵莫罗如约接见了达·芬奇，他首先询问达·芬奇在米兰工作的计划。

"尊敬的莫罗公爵殿下，我想为先父、伟大的佛朗西斯科·斯福查塑造一座巨型骑马青铜像。这座青铜像高8米，大约需要10万磅青铜。我认为米兰需要塑造这样一座伟大的巨物来纪念斯福查，让后世永记他的丰功伟绩。"达·芬奇说。他知道，如何塑造青铜骑马像在当时是一个世界性的难题，如果他能够完成这一"伟大的巨物"，那就不仅是斯福查的纪念碑，也是他达·芬奇的纪念碑了。

"你的想法不错，我很欣赏。但如此巨大的青铜骑马塑像，制作起来恐怕会有不少困难吧？"莫罗不无疑虑地说。

"殿下完全可以放心，我相信自己能够办到。当然，这需要殿下在资金、材料和工作场所方面提供必要的条件。"达·芬奇十分自信地说。这样的工程对于他这位超凡卓越的大师来说虽然复杂，但绝对是有能力完成的。

"这些都不成问题。为我的家族树碑立传，这是一件具有重大意义的事情，花一笔钱是值得的。"莫罗说。

他对这位艺术家印象不错，对这个庞大的构想虽然充满疑问，但最后还是痛痛快快地答应了。他当场决定，把米兰要塞与圣德拉·格雷齐修道院之间的土地划给达·芬奇，作为他的工作场所，经费随后就到。

在这次会见中，达·芬奇还向莫罗谈了他在军事工程以及水利工程等方面的建议。达·芬奇见莫罗听得津津有味，非常舒心，感觉自己找到了一位知音。"树挪死，人挪活"，达·芬奇选择到米兰发展，看来这一步是走对了。也许在这里，在这位有见识的公爵的帮助下，他的一切美好愿望都将实现。想到这些，达·芬奇心花怒放。

没过多久，他就在莫罗划给他的那块土地上建起了宽敞的房子，还在花园的深处设了一个小小的科学实验室。后来，由于那个"伟大的巨物"实在太大，这个地方不够用，莫罗又在城堡里划出一块地方为雕塑工场。

一切准备工作就绪，达·芬奇开始创作他的"伟大的巨物"了。他夜以继日地忙活了好几个月，不知用木炭画了多少草图，才确定了比较满意的方案：在一匹神态安详、蓄势待发的马的脊背上，骑着骄傲的胜利者。

这座纪念碑只有一匹马、一个人。对运动中的马，达·芬奇过去不知画过多少遍，但为了设计这个草图，他又不知画了多少幅形态各异的马——卧马、奔马、单脚跃起的马、纵身一跃的马等。达·芬奇反复琢磨斯福查，这个当年的佣兵队长，既英勇善战，又很有策略；既是一个敢于冒险的莽汉，又是一个小心谨慎的人。如何把人物性格和内心世界的丰富性、复杂性刻画出来，他花了不少心血，又画了一堆数不清的草图。

达·芬奇是一个工作狂。他对生活没什么需求，可以不要任何娱乐与休息，可以在饮食方面维持最低的水准，甚至可以舍弃一般人都需要的爱情和婚姻。他一生吃素，认为吃自然界的活物是一种暴行。至于爱情和婚姻，他早已和艺术"结了婚"，父亲的婚姻告诉他，那都是些转瞬即逝的东西，如果选择不当，反而自找烦恼，与其那样，还不如没有。唯有艺术，才能永世长存。

眼下他正在创作的不仅有"伟大的巨物"，还有油画《岩间圣母》。这两件作品，将是他献给米兰大公的两份厚礼。他要全力以赴，认真对待。这时，他又收了两名学徒，他们都是孤儿，一个叫卡普罗吉斯，另一个叫萨拉依诺，年龄都在 15 岁左右。萨拉依诺是个俊秀的男孩，大大的眼睛、一头鬈发，一来大家就给他起了个绰号——"姑娘"。达·芬奇为了创作他的这两件大作，经常到街上、郊外去写生。他的学生们也跟着他，同他一起考察社会、观察自然、练习画画。

艺术创作需要冷静思考，不受任何干扰。使达·芬奇感到心烦甚至厌恶的是，每当他聚精会神地进行艺术构思的时候，大公就会派人来找他，他的思绪立即被打断了。这样的事情不知发生过多少次，他真的有点难以忍受了。在米兰宫中，达·芬奇既是工程师、艺术家，又是娱乐大师、莫罗大公的取乐工具。宫中接连不断的庆祝活动，需要他安排表演节目、作曲、画布景、设计服装，他在宫廷的庆典中担任主要角色。达·芬奇实在不愿意再做这类事情了，把精力过多地花在这些享乐的事情上，太违背他的本意了。

但是，身为艺术家的达·芬奇同时也必须是莫罗大公的取乐工具。在当时的社会，艺术家要想实现自己的理想，首先就要得到权贵们的支持。在这个被权贵主宰的社会上，达·芬奇深感个人力量的渺小。他只得委曲求全，迎合权贵们的兴趣，干一些自己并不情愿干的事情。他蔑视他所奉承的那些男女，由于他不得

成长关键词

兴趣广泛、善于思索、精益求精

不在这种愚蠢而矫饰的宫廷生活中扮演小丑，他甚至也蔑视他自己。

达·芬奇就是这样一面做着那些无聊之事，一面继续着他的艺术创作和科学研究。

版面油画《抚貂女人》是达·芬奇为泽慈莉娅画的肖像画。能为莫罗的情人画肖像画，在当时的人们看来，是一个不小的荣誉。那天，这位美女抱着一只貂鼠正在听乐师演奏，一段旋律感动了她，所以她的脸上露出了微笑，一种安详、温柔而高贵的微笑。达·芬奇立即抓住了这一瞬间并把它画了下来。

于是，版面油画《抚貂女人》诞生了。画中的女人好像在听着什么使她激动的事，白皙的手指轻柔地抚摸着温顺的貂鼠。无论是画中的人物，还是那只貂鼠，都被描绘得栩栩如生。在这里，这位美女的脸和她那抚摸着貂鼠的手，把她的温柔和高贵，令人叹服地表现了出来。

此画在米兰宫中引起了轰动。米兰到处都在议论着达·芬奇这位天才的画家，找他给自己画肖像的贵妇们络绎不绝。不过，不是任何有钱的贵妇都能请到达·芬奇的。后来，他只画了两幅，一幅是《女性肖像》，一幅是《拉·贝尔·佛罗尼艾像》。在这些作品中，他着力表现的是女子天真单纯、积极向上、追求美好未来的精神状态。

抚貂女人

与此同时，他还完成了宗教题材的作品《哺乳的圣母》和《岩间圣母》。

《哺乳的圣母》是应泽慈莉娅的要求所作，画中圣母的模特儿，就是她本人。这是一幅表现母性光辉的作品：一位柔情似水的圣母正在哺育着圣子，满怀喜悦的她慈爱地望着怀中金发卷曲、天真烂漫的圣子。这幅画把人间的母子真情表现得淋漓尽致。

《岩间圣母》作于 1490 年至 1499 年，从构思到完成，历时较长，是达·芬奇的一幅杰作。这一题材，过往已有不少画家画过，如何超越他们，达·芬奇很费了一番心思：一是人物安排上按金字塔结构处理，顶部是圣母的美丽的头，侧面是她伸向圣子头上的手，底角则是婴儿和天使；二是以往的画家只是把风景作为一种附属的东西或者一组人物的简单陪衬，这次他要改变这种做法，让风景担当起从来没有担当过的重要角色，让风景环绕在人物的周围，与人物融为一体，赋予画面一种别具一格的诗情画意。

达·芬奇苦心孤诣，终于画完了。当他的学生看到他的大作时，一个个赞叹不已。

瞧啊，在山洞里，奇形怪状的钟乳石垂挂而下，各种各样的花草从岩缝里钻出；繁茂的灌木丛里，鸢尾花、银莲花、紫罗兰、蕨类植物，百花吐艳，香溢画外。如此美好的自然景象，他们还从来没有在画面上看到过。画中人物的表情是那么温柔、那么纯真。景美，人更美，人物和周围的景致天衣无缝地融为一体，这是一个多么美好、多么令人神往的世界啊！

"老师，您画得太好了！风景在人物画中扮演了如此重要的角色，在我看到的绘画作品中，好像还从来没有过。"佐罗阿斯特罗赞叹地说。

"老师，您是怎样画出这么多的植物来的？"那个绰号叫"姑娘"的学生萨拉依诺眨着眼睛问道。

"大自然是最好的老师。如果你想画植物，那你就到大自然中去研究它们吧！不要偷懒，更不要取巧，这样你就可以把它们淋漓尽致地表现出来了。"达·芬奇亲切地说。

学生们点点头。他们领悟到，画上的风景之所以如此逼

成长关键词

兴趣广泛、善于思索、精益求精

Da Vinci

真，是因为老师对大自然长期观察研究和艺术积累的结果。

1490年，经过长达10年之久的艰辛创作，"伟大的巨物"斯福查塑像的土制模型终于完成了。1493年，这个"伟大的巨物"被安放在一座临时竖起的凯旋门下展出，成为米兰的一个奇景，被誉为"世界第八奇观"。

但是此时，城里备用的铜全都用于铸造武器与军火，莫罗已经顾不上这件事情了。大公违背了他的诺言，没有给达·芬奇提供青铜，使得铸像工作一直未能进行。就这样，这尊世界雕塑史上的奇迹、人类最了不起的瑰丽梦想最终未能实现，这不能不说是一个巨大的历史遗憾。

作为奇迹的可能创造者，达·芬奇心里的痛苦当然是不言而喻的。他在这个"伟大的巨物"像下刻下了这样的话：

心灵在颤抖，塑像快竣工。

让那青铜流，听得一声喊：上帝啊！

如同自己最得意的孩子受到了磨难，达·芬奇发出了心灵深处最痛苦的呼喊声。谁也帮不了他，上帝也没有能力。不仅不会再有什么"让那青铜流"的一天，而且在接下来的战乱中，那"伟大的巨物"很快就粉身碎骨了！

他的希望就这样化为泡影，流逝在历史的长河中……

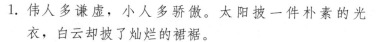
名人名言·骄傲

1. 伟人多谦虚，小人多骄傲。太阳披一件朴素的光衣，白云却披了灿烂的裙裾。

——[印度]泰戈尔

2. 越是没有本领的就越加自命不凡。

——邓 拓

3. 个人如果把从别人那里学来的东西算作自己的发现，这也很接近于虚骄。

——[德]黑格尔

4. 我们的骄傲多半是基于我们的无知！

——[英]莱 辛

5. 国民的感情中最难克服的要数骄傲了，随你如何把它改头换面，与之斗争，使之败阵，扑而灭之，羞而辱之，它还会探出头来，显示自己。

——[美]富兰克林

6. 一个骄傲的人，结果总是在骄傲里毁灭了自己。

——[英]莎士比亚

7. 凡过于把幸运之事归于自己的聪明和智谋的人多半是结局很不幸的。

——[英]培 根

8. 一个骄傲的人，结果总是要骄傲里毁灭了自己。他一味对镜自赏，自吹自擂，遇事只顾浮夸失实，到头来只是事事落空而已。

——[英]莎士比亚

Da Vinci

艺术巨匠

你如果要做一个艺术家，你要牢记：必须开拓你的胸襟，务使心如明镜，能够照见一切事物，一切色彩！

——［意大利］达·芬奇

▶ 《最后的晚餐》

1495 年，达·芬奇接受了圣玛利娅·戴列·格雷契修道院的订约，为这个修道院的食堂画一幅大型壁画，这就是流芳百世、鼎鼎大名的《最后的晚餐》。

这幅画取材于《圣经》中"约翰福音"第十三章，描写的是耶稣在逾越节的晚上，已预知自己死期快到，和 12 个门徒一起共进晚餐。壁画由此得名。

《圣经》故事中讲道：犹大为了 30 个银币，出卖了自己的老师耶稣。在餐桌吃饭的时候，耶稣忽然望着大家说道："我实实在在地告诉你们，你们中间有一个人要出卖我了。"耶稣的话就像以石击水，激起层层波澜。门徒们一下子感到震惊、愕然，他们面面相觑（qù），猜不透耶稣究竟指的是谁。就在这一刹那，每个门徒为他们的内心感情所驱使，呈现出各种姿态和表情。

达·芬奇就是抓住这一点进行构思和创作作品的。

关于犹大出卖耶稣这一宗教题材，在创作上难度是比较大的。因为这里有着强烈的戏剧性和较复杂的情节，而且要在瞬间把人物的内心活动表现出来，这是非常不容易的。

实际上，达·芬奇对这一题材已经构思了多年。他从 1478 年起，就一直在探索如何将这一主题进行表现，并为此画了许多草图，直到 1495 年接受订约，他仍然觉得思考得不够成熟，并继续进行大量的工作。因此，一方面，他认真研究前人的作品，尤其是佛罗伦萨画家卡斯塔尼奥的《最后的晚餐》，给了他很大的启发；另一方面，他仔细地研究了画中 30 个人物各自的身份、年龄、性格和经历，并猜测和想象他们在当时的各种反应。

为了积累素材，达·芬奇经常一个人跑到各式各样的人群中去，仔细地观察，并且快速地记下他们的特征，或者当场画下速写，然后再回去细加推敲。

他非常注意研究人物的动作、表情、姿态。他告诉学生们："要记住，绘画里最重要的问题，就是每一个人物的动作都应该表现出他的精神状态。一个用动作最完美地表达出了他的热情的人物，是最值得赞许的。此外，应该悄悄地观察旁人漫不经心的、自然的动作，用几根线条简要地勾画下来，别让他察觉，否则会引起他们的注意，以至于他们所做的动作全都失去了全神贯注时所表现出来的那股劲头……"

此外，达·芬奇还考虑到了对整幅绘画的总体构图。以前的画家都是将犹大放在画的一边，将其他人放在另一边。这样，画面就处理得非常机械，很难真正体现出犹大作为隐藏在信徒中的叛徒的阴暗灵魂。

达·芬奇在进行整体构图时就想到：一定要打破这种传统的做法，把这十二门徒进行重新组合。既要显示个体特征，又要注意到整体的和谐与场面的戏剧性。

为此，他常常是一大清早就急匆匆地赶到修道院食堂，并且非常迅速地爬上脚手架，不停地工作，直到天黑，其间甚至连饭都不吃，水也不喝。

然而，有时候他又会接连三四天甚至一两个星期不动一笔，但每天都会到画前，叉着手，一站就是几个小时，仔细地观察画中的人物，或者构思从哪儿下笔。

有很多次，他正在家中的工作室里忙着，头脑中忽地一下闪过一个念头，他便急忙把一项开始了的工作抛到一边，在中午最热的时候，兴冲冲地穿过寂静的街巷，奔往修道院，攀上脚手架画上两三笔，然后就走开了……达·芬奇的这种断断续续的、缓慢的创作，又引来了别人的非议："列奥纳多·达·芬奇，那个佛罗伦萨人，他的天才是多方面的，这些不假。但他又有自己的缺点，他总是着手做很多事情，但从来都是有始无终。他现在正着手创作修道院中的大型壁画《最后的晚餐》，你们看着吧，他是不会把它完成的！"

与此同时，达·芬奇的这种做法也引起了修道院院长的极大不满，他跑到莫罗大公那儿说达·芬奇故意怠工。为此，大公派人把达·芬奇叫来，并且质问他。

达·芬奇听后既感到非常可笑，又很气愤，回答说："有天资的人，当他们工作得最少的时候，实际上是他们工作得最多的时候。因为他们是在构思，并在把想法酝酿成熟，这些想法随后就会通过他们的手表达出来。"

说到这里，达·芬奇停了停，看了看修道院院长，又接着说："殿下，我现在还有两个头像没有画好。一个是救世主耶稣，他那神圣而美丽的仪容，需要我去发现人间最美和崇高的模特儿；另一个是叛徒犹大的头像，这个头像，要想在人群中去寻找一个背信弃义者的真正化身，并不是容易的事。如果万一找不到更合适的，我想借用一下这位高尚的院长的头。"

"哈哈哈，还是我的艺术家厉害。"大公笑着说。

院长在一边已显得狼狈不堪、无地自容了，但有大人物给达·芬奇撑腰，他只能怀恨在心，敢怒不敢言。

壁画的绘制仍艰难地进行着。一方面是因为达·芬奇这次试着把颜料和土混用，但土粘不住色彩，色彩容易脱落，这令他非常苦恼；另一方面是因为犹大的模特还没找到，这让他非常烦心，工作难以继续下去。

为了找寻犹大的模特，达·芬奇经常跑到街上去，观察行人，希望能找到理想的模特。

一天，他来到一条偏僻、简陋的小巷，这里是贫民聚居的地方，也是小偷、流氓经常出没的地方。一走进这条小巷，一股腐烂食物发出的臭味扑鼻而来，因为这里垃圾遍地、蚊蝇成群。前面有一堆人围成一圈正在赌博，周围站着一帮人看热闹。当他们看见达·芬奇这样一位衣着高雅的人走过来时，个个瞪大了好奇的眼睛，心里在想，这样一位人物怎么会到这穷街僻巷来呢？

"您好呀，先生。怎么，您也想玩一把？"他们中的一位揶揄着说。

"各位好。"达·芬奇说，"你们住在这里，环境太差，空气太污浊了。"

"是的，先生。不过，我们习惯了，倒也不觉得什么。"一位年纪较大的人说。

"你们的生活还过得下去吗？"达·芬奇问。"要是过得下去的话，我们就不干那个了。"一个嘴快的小青年说。他说的"那个"，大家都知道指的是什么。

"不瞒先生说，我们这里偷盗成风，在我们这里早已不以偷为耻了。我们只盼不要被人家捉住，否则就要倒大霉了，少则一顿毒打，重则坐牢杀头。唉，过一天算一天吧，顾不了那么多了。"还是那位年纪较大的人说。

"大哥说得对，我们这些人就是过一天算一天。干我们这个，有危险，可也有快乐。干活多累呀，也挣不了多少钱。偷盗虽说也要冒点风险，但钱来得容易多了。再说，哪能每次都被捉住呢？而且会偷会盗也是一门技术，我们互相配合，得手了，那才叫痛快！"一个青年大言不惭地说，看来他是一个很有经验的小偷。

在这里，达·芬奇真是大开眼界，世上竟有如此心地肮脏、不知廉耻为何物的人。从这类人身上，他看到了犹大的影子，多日来发愁的犹大这个人物形象的塑造，仿佛一下子找到了艺术灵感。

后来，达·芬奇又多次来到这个地方，以这类人为模特，画了许多速写，那个集贪婪、卑劣、狡诈于一身的犹大形象，终于跃然壁上了。

在绘制工作接近尾声的时候，达·芬奇的老朋友、数学教授卢卡·巴却里来看他了。卢卡·巴却里是于1496年从佛罗伦萨迁居米兰的。那时，统治佛罗伦萨的美第奇家族被逐出国门，宗教僧侣萨伏那洛拉执掌政权，文艺复兴面临严重危机。这位教授难以忍受，于是来到了米兰。他到米兰不久，就与达·芬奇结为挚友。

　　此刻，他们在达·芬奇的科学实验室里又会面了。

　　"您这里宝贝可真不少啊，我的朋友。"教授看着满屋子的标本、器皿和手稿说。

　　"我从小就喜欢科学，尤其喜欢数学。刚到佛罗伦萨时，我还自己跑去拜托斯卡涅里大师为师呢。您想不到吧？如果不是我父亲让我跟维罗乔大师学画，说不定现在我就成了您的同行了呢！"达·芬奇说。

　　"我可不是胡吹乱捧，看了您的这些设计草图和所做的如此精确的计算，我觉得您比任何数学家都更像一个数学家。"教授心悦诚服地说。

　　"您可别这么说，我的毛病也许就是兴趣太广泛、精力太分散了。"达·芬奇说。

　　"您确实是多才多艺，世间少有，这些不说了。我正在写一本名叫《神圣比例》的书，想请您为我这本书作若干插图，您看如何？"教授用商量的口气说。

　　"行，等您完稿后把书稿给我，我一定给您画上满意的插图。"达·芬奇说。

　　"非常感谢。您的插图一定会使我的著作大为增辉。对了，您的《最后的晚餐》进展如何，快完成了吗？"教授关切地问。

　　"马上就要完成了。如果您愿意，现在就请您去看看，如何？"达·芬奇说。

　　"非常愿意先睹为快。"教授高兴地说。他知道，画家在自己的画作完成之前一般是不愿意示人的。现在达·芬奇请他看自己

成长关键词

兴趣广泛、善于思索、精益求精

Da Vinci

尚未完成的作品，足见他们之间的关系非同一般。

　　达·芬奇住的地方离圣玛利娅修道院很近，他们走了不大一会儿，就到了尚未拆除的脚手架前。达·芬奇揭去蒙在画上的麻布，当卢卡·巴却里教授看到壁画时，他震惊了！

　　"太伟大，太伟大了！"卢卡·巴却里喃喃自语道。

　　"我的朋友，您的这幅《最后的晚餐》超越了以往任何以此为题材的作品，将成为不朽之作。您在这幅画中对数学和几何学的运用，是科学与艺术结合的美满姻缘，哲学在这里也得到了完美和谐的体现。"卢卡·巴却里说。不愧是达·芬奇的知音，他的评价很中肯，不仅从艺术的角度，而且从科学的角度看出了这幅画的成功之处。

　　画面上，耶稣那句"你们当中有一个人将出卖我"的话音刚落，十二门徒的心中顿时掀起了狂澜，引起了强烈的震撼。对耶稣的话反应最激烈的是坐在他左手

最后的晚餐

边的 3 个门徒，他们分别是巴多罗买、安德烈和小雅各，他们三个都面向耶稣。其中最激动的是巴多罗买，他从座位上跳了起来，困惑不解地转向耶稣。安德烈向后挪了挪身子，举起双手，手掌向上，对事情的反应也是那么惊讶。夹在他们中间的小雅各紧张地举起一只手，由背后伸到左边第四人彼得的肩上，好像要急于弄清发生的事，这样小雅各在画面上就成为两组人物联系的桥梁。右边的一组由马太、达太和西门三人组成，他们的手都向前伸着。马太、达太都背对耶稣，面向年事已高的西门，好像要从他那里得到对眼前事件的回答。然而，西门困惑不解的手势表明，他也毫不知情。中间右一组分别是多马、老雅各和腓力三人。多马伸出一个指头，好像在问老师："有一个人要出卖你？"

和他并坐的老雅各张开双手，对眼前的事情表示震惊。腓力则用双手掩着胸部，好像在说："难道你怀疑我对老师有背叛行为？"中间左一组分别是彼得、约翰和犹大，这是壁画中的主要角色，个个表情丰富。坐在耶稣旁边的约翰歪着身子，两眼下垂，两手有气无力地放在桌上，眼前的事着实让他忧愁，难以判断。急性子的彼得老人，情绪非常激昂，从座位上蹦了起来，把头伸向约翰和犹大之间，手中握着刚切罢面包的刀，无意识地靠近犹大的肋部，表示他要随时保护自己的老师。犹大听了老师的话，心情万分紧张，下意识地转过身，紧紧抓住他的钱袋，身体稍向后倾，右臂支在桌上，惊慌地望着耶稣。坐在中央的耶稣，态度庄严肃穆，他的背后是餐厅正中的窗户，从窗外透进的光辉正好落在他的头上，形成了自然的圣光，显得那么崇高、圣洁和伟大。而置于光线暗处的犹大，则显得异常阴暗、丑陋和卑劣，一个贪婪的背叛者的嘴脸被刻画得入木三分。

"您说得很好，我的朋友，谢谢您的评价。"达·芬奇使劲握住教授的手激动地说。

《最后的晚餐》在历史上享有盛名，是世界艺术宝库中一颗璀璨的明珠。它的巨大成功，是达·芬奇多年来艰辛劳动的结晶。他抓住了晚餐中最紧张最有戏剧性冲突的一刹那，反映了意大利人民对正义的赞颂和对邪恶的憎恨，体现了他们的生存意志和道德标准。他出色地运用了心理描绘，根据画中每一个人物的面貌、身份、年龄和性格特征，把他们组织到一个为感情所激荡的旋涡中，通过各不相同的姿态、手势和表情，组成了一个均衡统一的画面，充分揭示了人物复杂的内心矛盾。在众多人物的刻画中，正气凛然而又平和镇定的耶稣和阴险狡诈、惊惶失措的犹大给人留下了特别深刻的印象。达·芬奇平时就非常重视磨炼自己的艺术技巧。为了创作此画，他还多次解剖过人的尸体，研究人体的结构。从达·芬奇留下的耶稣半身像素描、门徒的头像以及大量的笔记中，可以看出他进行了多么艰苦的探索和构思。没有

69

多年辛苦耕耘，哪有"晚餐"放馨香！

同时，这部杰作在透视的运用和空间的处理上，也有独到之处。它使耶稣处于画面的中心，使一切透视线都集中在耶稣的头上，于是整个画面呈现出一种有向心力的构图美，并且由于食堂壁面空间和画面上被描绘出来的空间的巧妙运用，使狭窄的食堂增加了深远之感。这样，当人们从外面进来的时候，就会产生一种视觉上和心理上的错觉，仿佛自己也置身在耶稣及其门徒举行晚餐的食堂里，有一种身临其境、如闻其声的感受。此画卓越的艺术手法堪称典范，欧洲画坛评价说："这是所有伟大画卷中的最佳珍品，是欧洲艺术的扛鼎之作。"

可是，谁又能想到，500年来，《最后的晚餐》历遭浩劫，现在已被弄得模糊不清了。

由于此画挂在餐厅墙壁上，正中还有一扇门。后来因修道士敲厨房的门，由于受到震荡，画的下部遭到破坏，墙体也被损坏，颜料层脱得厉害，加上厨房蒸气落到画面上，加速了作品的腐蚀。

更令人痛惜的是，1796年，拿破仑的军队占领米兰，把修道院餐厅改成了马厩，壁画中的人物头部也遭到损坏。

第二次世界大战时期的1943年，法军在轰炸米兰时，因炸弹落到修道院院子里，这个餐厅被炸毁了。还好，画有《最后的晚餐》的这面墙没有被炸塌，得以保全下来。

这幅画与生俱来的脆弱，也成为其永恒魅力的一部分。人们像对待一个"重病人"一样对待它。但这幅壁画最后的命运仍然不济，近年来画面上霉菌丛生，颜色发生了很大的变化。

值得庆幸的是，这幅作品早有临本，其中以1510年所临摹的一幅最为完美，几乎与原作无异，使今人依稀能够看出画作当时的风貌。但这毕竟不是出自达·芬奇大师本人的手笔，原作中的巧妙精要之处，已经再也无法为后世所欣赏了。一代名作就这样香消玉殒了。

▶ 惜别米兰

《最后的晚餐》的成功，轰动了整个米兰乃至意大利，达·芬奇的名誉和声望也在此时达到了全盛期。

达·芬奇的学生们对这幅巨作也交口称赞。他们很想听老师讲讲创作这幅壁画的经验。达·芬奇同意给他们讲一堂大课，但他并没有就这幅画讲什么具体的创作经验，而是讲了一通关于如何体验自然、付诸实践、质疑权威、勇于创造的道理。

"同学们，人同动物有什么不同呢？最重要的就是人会发明创造。能够发明创造、在人类与自然之间做翻译的人，比起那些只会死记硬背别人的书本而大肆吹嘘的人要高明得多，这就如同一件对着镜子的东西，总比它在镜子里所产生的影像要真实生动一样。

"许多人认为他们有理由责备我，说我的证明和某些权威的说法是对立的。他们不知道我的结论是建立在客观事实之上的，因为实践才是真正的老师。

"你们不是想听听我的创作经验吗？我不想讲什么具体的创作经验，我只想说，画家如果拿旁人的作品做自己的标准或典范，那么，他画出来的作品就没有什么价值；而如果努力从自然事物中学习，他的作品就会形象生动。罗马时代以后的画家不断地相互模仿，他们的艺术就迅速衰退下去，一代不如一代。接着，佛罗伦萨人乔托起来了，他是在只有山羊和野兽居住的寂静山区里成长起来的，直接从自然转向艺术，他在岩石上画他所放牧的山羊和乡间可以见到的一切动物的形状，经过刻苦钻研，他不仅超越了同时代的画师，并且超越了前几百年所有的画师。乔托之后，艺术又衰退下去，因为大家全都模仿现成的作品。直到佛罗伦萨人马萨乔的出现，他才用完美的艺术证明了这样一个事实：凡是抛开自然去找标准或典范的人都是白费心血。对于这个问题，我也想说，凡是只研究权威而不研究自然的人，在艺术上都只配做自然的孙子，不配做自然的儿子，因为自然是一切可靠权威的最高向导。如果说创作经验，我想，这就是历史告诉我们的最重要的创作经验。"达·芬奇说着，手有力地挥了一下。

"这就是老师的创作经验，老师正是这么做的！"波里特拉菲奥大声说道。所有在场的人都情不自禁地鼓起掌来。

此时，虽然达·芬奇的艺术事业如日中天，但隐藏其后的物质生活却因政局的混乱而越来越困难了。

莫罗是这样的一个保护人，他付给艺术家的漂亮话永远多于金元银币，再加上米兰这几年国力衰竭、财政困难、宫廷入不敷出，莫罗付给达·芬奇的资金就更是有限了。为了摆脱经济困境，莫罗下令增加税收，结果社会动荡不安、饥民遍地，老百姓怨声载道。

1499 年的夏天，法国军队入侵米兰。9 月 2 日，莫罗弃城出逃吉罗列。第二天，这一消息便传遍了大街小巷。

米兰处于危急中。

10 月，法国军队占领米兰。城防司令与入侵者勾结，出卖了城市，法军毫无阻挡地进了城里。

米兰人早就对莫罗的压榨强烈不满，他们对法军寄予厚望。不少米兰居民居然打出大幅标语，欢迎法国军队的到来。标语上写着："热烈欢迎法国国王统治米兰，莫罗滚蛋！"

但是，法军并不像米兰人心目中所幻想的大救星那样，入侵者不过是另一个灾星罢了，他们在大街小巷横冲直撞、大肆抢掠、奸淫烧杀。不知有多少人死于法军的铁蹄之下，有多少姑娘惨遭蹂躏，有多少房屋被烧，有多少财产被抢。

当夜幕降临的时候，达·芬奇带着他的学生波里特拉菲奥和萨拉依诺来到了城堡前面的广场上。广场上的房屋还在燃烧，到处都是受伤的居民、发出呻吟的伤兵，武器横七竖八地扔在那里。法国大兵们围在一堆堆篝火前，狂笑着庆祝他们的胜利。

达·芬奇默默地向前走去。他在想，真是可恨的战争、丑恶的入侵者、最兽性的疯狂行为！他最关心的是他用 10 年心血塑造出来的那个"伟大的巨物"是否还安然无恙。

突然，一件意想不到的事情发生了，一群法军士兵欢叫着比赛看谁的枪法准，靶子便是"伟大的巨物"的眼睛。他们一个个举起枪，疯狂地向斯福查塑像射击。

波里特拉菲奥、萨拉依诺怒不可遏，欲上前同法军士兵说理。达·芬奇一把拉住了他们，走开了。

一阵噼里啪啦的枪声过后，塑像上的黏土土崩瓦解，露出了铁质支架，它的周围是一堆堆碎落掉下的黏土。

达·芬奇亲自刻在塑像下面的字"心灵在颤抖，塑像快竣工。让那青铜流，听得一声喊：上帝啊！"转眼之间也消失了。不用说"让那青铜流"，现在连黏土塑像也不复存在了。达·芬奇的心在颤抖。十年的心血，"世界第八奇观"，雕塑史上最了不起、最美丽的、即将实现的梦想，就这样化为虚无了！

目睹这一切，跟随在达·芬奇身边的两个学生气得直发抖。

"这是老师十年的心血啊，我要跟他们拼了！"波里特拉菲奥愤怒地说。

"太野蛮了，这帮该死的家伙，我非得杀死他们不可！"萨拉依诺也咬牙切齿地说。

"他们是要征服米兰的前任统治者。他们人多势众，你们赤手空拳，是拼不过他们的。"达·芬奇痛苦地说。

达·芬奇带着他的学生回到了住地，那里暂时还是一个平静的地方。

米兰的新统治者——法王留多维克，在他的亲信、公爵、大

Da Vinci

成长关键词

兴趣广泛、善于思索、精益求精

73

使等一大帮人的簇拥下进城了，跟在后面的是罗马教皇亚历山大六世的儿子泽扎里那残忍无比的军队。

当留多维克得知修道院里有一幅著名的壁画时，主动提出要去观赏。他与众随从来到修道院的食堂，一看见壁画，就禁不住连声称赞："伟大，太伟大了！"他非常喜欢这幅壁画，想把它运往法国。

"泽扎里，我想把这幅壁画完整地拆下来，你看如何才能办到？"留多维克说。

"这个……恐怕不大容易。"泽扎里说。虽然在这个问题上他感到无能为力，但他又不想得罪法王，于是想了个招儿，"要不这么办吧，找达·芬奇来，征求一下画家的意见，看看他有什么好办法。"

达·芬奇立即被招来回话。"这是不可能的事。就像一个人，如果他脑袋搬家了，他的身子还能活吗？把这堵墙拆下来，壁画也就不存在了。"达·芬奇镇静地回答。

留多维克叹了口气，他一心想把这幅名画搬往法国的企图落空了。

战争仍在进行中。没过多久，米兰人对法军的幻想就破灭了，他们不满法王的暴政，纷纷起来反抗。

这时莫罗也集结军队准备反扑。他派了一批人打入法军内部，里应外合，一举夺下了米兰。

两个月之后，法军卷土重来，又一次占领了米兰。由于叛徒的出卖，莫罗被法军活捉，随后被秘密押往法国，投进大牢，从此杳无音信。

在残酷的战争的摧残下，米兰街头一片狼藉，到处都是残垣断壁。居民中凡是有点门路的都已出逃，整个米兰几乎变成一座空城。

动荡不安的政治局面使达·芬奇再也无法安静地坐在他的画室里进行绘画创作，无法像过去那样在实验室里全身心地投入到科学问题中了。

他该走了，该离开米兰了。自 1482 年移居米兰以来，不知不觉已过了 17 年。在此期间，他创作了《岩间圣母》《抚貂女人》《哺乳的圣母》等油画，塑造了史称"世界第八奇观"的斯福查骑马塑像。特别是他的《最后的晚餐》，不仅是他在米兰所取得的最辉煌的艺术成就，也是人类艺术宝库中最璀璨的奇葩。

在此期间，他还在科学技术领域大放异彩，在数学、物理学、水利、城市规划、天文学以及解剖学、机械工程等各个方面都进行了卓有成效的研究，他的许多发现、发明和设计都给后世以有益的启迪。

后世认为，达·芬奇解决了造型艺术三大领域——建筑、雕刻、绘画中的重大课题。在建筑领域，他解决了中央圆屋顶的设计和理想城市的规划问题；在雕塑方面，他花 10 年心血完成了自 15 世纪以来雕刻家感到最棘手的骑马纪念碑塑像这一重大课题；在绘画方面，他的《最后的晚餐》《岩间圣母》以及后来的《蒙娜丽莎》，被公认为是他一生的三大杰作。他在造型艺术领域的巨大贡献，使他成为文艺复兴全盛期最杰出的艺术巨匠。苏联美术史家罗坦别尔格说："达·芬奇每一件重要的艺术作品都开创了美术的新时代，都为发展文艺复兴全盛期的美术作品奠定了相应的基础。"

现在他不能不走了，不得不离开这个使他获得累累硕果的地方。他在米兰创造了辉煌，他永生永世都不会忘记米兰。何时能够重返米兰，再创奇迹呢？达·芬奇的心中不免感到有点惆怅。对他来讲，社会的混乱使一切都变成了未知数。

苦闷之下，他决定回到阔别已久的故乡佛罗伦萨，他想也许故乡会对他敞开无私的怀抱。但那里的情况究竟怎么样，自己在那里又能不能待下去呢？达·芬奇也没有把握。

前路茫茫，难以预测，他只能骑驴看唱本——走着瞧了。

▶ 重返故乡

1500 年，达·芬奇一行人，经过几个月的奔波，终于在 4 月回到了故乡佛罗伦萨。

这里已经发生了翻天覆地的变化。像奢华者洛伦佐的大宗订货没有了，很多熟悉的高楼和宅第也不见了。过去维斯巴西阿诺先生的小酒店里，曾经多么骄傲地陈列过一堆堆的绘画创作书籍以及一包包的古人手稿，现在取代它的是一座银行事务所。

过去的一切都不复存在了。佛罗伦萨已经没有了昔日的繁华和热闹。统治者们的争权夺利，早就刺伤了人民那颗喜爱艺术的欢快之心，昔日满街的艺术氛围没有了，剩下的只有对战争的怨声载道。

达·芬奇在佛罗伦萨街边租了一个小画室。为了节约开支，他和学生们尽量省吃俭用，希望能得到装饰城或某个修道院的订货。

过去，那幅大型壁画《最后的晚餐》凝聚了他太多的心血，此时此刻，他又把多半心思用在了科学探索上。于是，在那拥挤的宅院里，又出现了曲颈瓶、蒸馏管、熔铁炉等；在桌子上，仍然摆满了平面图和数学公式的笔记。

在拥挤、繁杂的房间里，达·芬奇感到思绪依然有些混杂、烦乱。"或许回到芬奇镇会好些。"出于本能，他在心里这样想着。

心动不如行动，达·芬奇立刻动身回芬奇镇去看看父亲。

到了芬奇镇那古老的住宅，看到年迈的、头发已经银白的父亲，达·芬奇一下子感觉到，回来向父亲讨主意的想法是错

第三章 艺术巨匠

的，在这里他什么都得不到。同时，也为自己庆幸，当初能够早早地离开这里出去闯的做法是正确的，否则，自己也将和这里的人一样，碌碌无为地度过一生。

准备开饭的时候，在餐桌旁，年老衰颓的父亲终于见到了儿子。他很高兴，然而话语中又显示出了对家事烦扰的无奈以及对儿子前程支持的无力，他说："列奥纳多，你当年的老师——韦罗基奥，他已经去世 12 年了。要是他还活着的话，他会给你出主意的。"

这时，易怒的、穿着随意的母亲来到了饭桌前，她粗鲁地向孩子们和仆人吼叫着。达·芬奇非常惊讶怎么会有这么多弟弟妹妹，他根本叫不上他们的名字。只听父亲又接着说道："孩子，你看见了，我们过着怎样的日子，而你来听我的劝告……我现在能给你什么劝告呢？你还是好自为之吧……"

这时，母亲又朝着父亲大声地吼了起来。

达·芬奇感到实在有些受不了，心想："这样的家庭对我还有什么意义呢？"

于是，他心情沉重而又失望地离开了芬奇镇的这个古老的家。

一回到佛罗伦萨，达·芬奇就接到了几件小宗订货：给一个发横财的商人墓地上的小礼拜堂画一幅小的圣母像。同时，又要为一幅新的大幅画完成做些准备，为塑造安娜和她的女儿玛利亚、孙子耶稣和施洗者约翰画草图。

此时的达·芬奇非常想念那些同在一个画室学画的同学们。

有一次，他在街上散步，无意中听到一个熟悉的声音，这个声音在低低地、忧郁地朗诵着但丁的诗句。顺着声音望去，在圣玛利娅·德·菲奥列大教堂的入口处，站着一个佝偻着身子的人。

当这个人抬起头的时候，达·芬奇看到了熟悉的面容，一下子认出这正是自己想念的桑德罗·波提切里。

"喂，我的朋友！"

达·芬奇看着波提切里，只见他一张皱巴巴的脸透出苍白的

颜色，眼睛里充满痛苦的表情，塌陷的两腮长满乱糟糟的白胡须。这哪里是他呀？他只比达·芬奇大 8 岁，至今也不过才 56 岁，看上去却像个年迈的老人。想到这里，达·芬奇更觉悲哀，哽咽着说道："啊，我的上帝！我们这是在什么样的景况下见面啊？"

"自从伟大的预言家哲罗拉莫·萨伏那罗拉死去之后，除了读但丁的《神曲》，我没做别的事，只给它作了插图。"

波提切里的脸上没什么表情，只是嘴唇有些颤抖。看得出来，他和所有正直的人一样，都被萨伏那罗拉的死而深深地刺激着。他又接着说道："神圣的殉难者鼓舞着我……在那红红的火焰里，我只失去了灾祸提示给我的那些东西……但是他已经不在了，这伟大的预言家！"

"克列吉呢，他怎么样？"达·芬奇问道。

"你想见他？他在那儿。"他用手指着从远处依稀可见的圣马可修道院的轮廓，不久前，萨伏那罗拉还是这个修道院的院长。

"祈祷并没妨碍他写那天国的梦幻……而巴却·载拉·波达，你知道的，已经出家为僧。今天克列吉要到他那儿去。他也叫了我……他们经常互相拜访。"

两个人心情郁闷地谈着，并一起去圣马可修道院看了克列吉。

回来后，一个叫乔万那托尼奥·巴茨的青年画家来拜访达·芬奇，并带来了他的画和他的那只名叫列吉的小猴子。

他的猴子和画给达·芬奇带来了快乐。乔万那托尼奥·巴茨的画是讽刺系列作品，并且有一些是从米兰弄到的，是被教皇禁止的作品，也就是说，是那些被称为异教徒的人画的。每幅画中都体现了对教皇和那些虔诚的教徒的讥讽。小猴子列吉则能听懂人的话，做着令人吃惊的动作和表情。

达·芬奇的心情久久不能平静，他感到前途的渺茫，心里就像被一块很大的石头压着一样，沉重得有些喘不过气来。

▶ 《安加利之战》

回到佛罗伦萨不久，新的工作很快找上门来。达·芬奇接受了佛罗伦萨执政官索捷里尼的邀请，担负起了佛罗伦萨军事工程师的重任。他立即参加了对企图脱离佛罗伦萨的比萨城的围攻，在军事工程方面做了一些发明和创造，在战斗中派上了用场，显示了极大的威力。

与此同时，达·芬奇还接受了佛罗伦萨执政官向他定做一幅大型壁画《安加利之战》的任务，这幅壁画位于维乔宫大会议厅的一面墙上，取材于佛罗伦萨人战胜米兰人的安加利战斗。

文艺复兴时期的另一位巨人——当时还年轻的米开朗琪罗也接受了维乔宫壁画的创作任务，在会议厅对面的墙壁上绘制《卡希那之战》。

在这里，我们有必要对米开朗琪罗做一个简单的介绍。他于1475年出生在佛罗伦萨东部山区的一个小镇，比达·芬奇小23岁。他的父亲是当地的一个行政长官。由于母亲早逝，他7岁时被送到一个石匠家抚养。他从小就对雕刻、绘画表现出强烈的兴趣，13岁那年，他说服了父亲，师从当地一位画家学艺，后转入雕塑家乔凡尼主持的美术学校学习。师从乔凡尼，不仅加深了他对现实主义的理解，也使他接触到了人文主义思想，对他的一生产生了深远的影响。

米开朗琪罗的作品以雄壮健美、充满活力著称。他的成名作《哀悼基督》是一尊最具美感和抒情意味的杰作。大理石裸体雕塑《大卫》高5.5米，表现的是大卫即将战斗的一瞬间的形象。大卫英俊的脸上充满愤怒，左腿向前跨出半步，手持投石器，双眼直视前方，显示了人物坚决、勇敢、机智与无畏的英雄气概。作品展现了自由人民的健美和力量，他们有充分的信心去克服任何艰难险阻。大卫那强大的令人畏惧的力量，显示了作者"惊心动魄的风格"，成为复兴古典艺术思想的代表作，是世界雕刻艺术宝库中不朽的珍品。

米开朗琪罗

　　达·芬奇和米开朗琪罗都是文艺复兴全盛期最杰出的艺术家。达·芬奇以《最后的晚餐》而声震画坛，米开朗琪罗以他刚刚完成的雕塑《大卫》而名扬四方。眼下，佛罗伦萨成立了一个特别的艺术委员会，讨论《大卫》的安放位置，达·芬奇也是这个委员会的成员。

　　经过长期的争论，最后大家尊重作者的意见，决定把《大卫》安放在市议会广场上。几年前，萨伏那罗拉就是在这个地方被绞死并焚尸的，在这里竖立起《大卫》雕塑像，寓意深远。达·芬奇支持这个方案，因为他同大家一样，都想让这尊为正义事业英勇奋斗的年轻英雄的雕像能成为佛罗伦萨的骄傲，以此来唤起人民的尊严和勇气，同黑暗的中世纪彻底告别。他很钦佩米开朗琪罗超人的精力、气魄和技艺，居然能用高达5米多的石柱雕刻出那么惊心动魄的作品来。要知道，在他刚回佛罗伦萨时，也有人来请他接受这个任务，但他犹豫了好久，终未敢领命。

　　此刻，米开朗琪罗正为执政官索捷里尼用一万枚金币请达·芬奇画《安加利之战》，而《大卫》才为自己赢得400枚金币这件事感到心里很不平衡，他找到执政官，要求把维乔宫的另一半墙给他，他也要画一幅壁画，与达·芬奇较量较量，一比高下。

"阁下，我的《大卫》您才给我 400 枚金币，达·芬奇的口袋里却装了一万枚金币，我也有大口袋。"米开朗琪罗粗暴地吼道。

索捷里尼笑了笑。好大的口气，这个年轻人也太狂了。他已同米开朗琪罗签订了雕刻 12 个大使徒的合同，难道还嫌活儿不够干吗？也好，就让他们两个比试比试吧。

达·芬奇和米开朗琪罗这两位艺术大师在性格上反差极大。一个儒雅潇洒、衣着讲究、气质高贵、心平气和；一个粗犷、执拗、急躁、尖刻，同哪个大公、教皇都无法和睦相处，似乎只有和普通人在一起才感到自在。这种性格上的反差，使这两位艺术巨匠在以后的日子里产生了不可避免的摩擦。

达·芬奇的壁画本来预计一年完成，但实际上他仅作草图就用了两年时间。

开始，他想画出这次鏖战的广阔场景，从整体上反映这场战役。后来他又想，也可以选取一个典型事件来反映这场战役，这样可能会更集中、更概括、更强烈。最后他决定还是采用后面这个办法，以特写镜头的方式来表现战争的惨烈。画面的中心是四个狂怒的骑士为争夺一面军旗而厮杀。骑在狂怒的马上的两个骑士扑向前方，要把旗帜夺下来；旗手则紧紧抓住旗帜不放，旗手的一个同伴身着铠甲，举剑前来助战。落马的两个战士在血泊中拼命相搏，就连双方的战马也在相互厮咬。在战斗的场景里，画家特别注意了画面的完整与和谐，在一种喘不过气来的紧张气氛中，表现了厮杀者的动作姿态和心理状态的多样性，从而反映了整个战斗的惨烈和残酷。

米开朗琪罗比达·芬奇动手晚了 3 个月，但两人完成的时间却差不多。其中一个很重要的原因，就是他曾偷偷看了达·芬奇画的草图，那画面的震撼力和高超的技法着实令他吃惊，也使他深受启发。未经他人同意，偷看他人创作中的草图，是一种很不正当、很不光彩的行为。不过，此举却使这位艺术巨匠一下子开了窍。他决定独辟蹊径，发挥自己擅长表现裸体人物不同姿态的优点，出奇制胜，击垮对方。他的画作选材于 1364 年佛罗伦萨人在卡希那战胜比萨人的战争。比萨人试图趁战士们在阿诺河洗澡的时候捕获他们。在河里洗澡的士兵们突然听到军营里响起的警报，便从水中跑上岸，赶紧穿衣服，急急忙忙准备应战。画家表现了战士各种各样的姿态，一些人忙着从水里爬上来，一些人正忙着背枪支弹药，一些人在抓武器，还有一些人在穿铠甲。

哀悼基督

不论是达·芬奇的画幅，还是米开朗琪罗的，都表现出非凡的真实和生动，连最细微的地方都刻画得那么传神。

1504 年，还在达·芬奇创作这幅壁画时，和达·芬奇、米开朗琪罗并称意大利文艺复兴"艺术三杰"的桑西·拉斐尔也来到了佛罗伦萨，拜会了达·芬奇。拉斐尔当时还是个无名小辈，只有 21 岁，比达·芬奇小 31 岁。这位后起之秀对达·芬奇这位艺术大师、画坛老前辈非常崇敬。从交谈中，达·芬奇知道他是意大利中部乌尔比诺人。乌尔比诺是一个小公国，同米兰、佛罗伦萨公国都是推行世俗文化的重要据点。

桑西·拉斐尔的父亲是公爵府中的画师。他 8 岁丧母，11 岁丧父，受父亲的熏陶，爱好艺术，4 年前获得"画师"称号。来到佛罗伦萨后，拉斐尔潜心研究大师们的作品，不带任何成见地学习别人的长处，进步很快。他特别佩服达·芬奇，多次向达·芬奇请教。

"请问老师，您创作《安加利之战》时是怎么考虑的，或者说是怎样来表现战斗的激烈性的？"拉斐尔毕恭毕敬地问道。

"画激烈的战斗场面时，应当使大炮里的烟和正在厮杀的骑士扬起的灰尘融合在一起，场面越激烈，明暗对比越不明显。如果你画一个跌倒的人，那么就要把他处理成顺着变成血污的灰尘滑倒过去。那些泥土上血迹少的地方，应该看得见马和人的足迹。如果胜利者向前冲去，他们的头发和别的轻盈的东西应当迎风飘起，眉头应该紧皱，所有相应的部分应当与之相配合。被打败的一方则是面色苍白，鼻子上方的眉头稍稍扬起，额上布满深深的皱纹。"达·芬奇慢条斯理地说。

拉斐尔目不转睛地盯着达·芬奇，仔细品味着大师的每一句话。达·芬奇关于绘画技法的真知灼见，给拉斐尔留下了深刻的印象，大师无与伦比的智慧和高雅的气质，永远留在他的记忆中。

达·芬奇和米开朗琪罗这两位艺术大师的草图公开展出了。各地的艺术家们都争先恐后地赶来参观，看过的人莫不交口称赞，赞誉传遍了意大利。

年轻的拉斐尔在维乔宫出现了。他惊喜地看着这两件大作。当他的老师问他哪一件使他更感兴趣时，这位年轻的画家摇了摇他那长满浓密棕色鬈发的头，热情洋溢地赞叹说："两个人的画我都喜欢！老师，请您相信，我说这话是出自真心诚意的。如果我只赞美达·芬奇先生，那对米开朗琪罗先生是不公正的，那样我会感到不安的。"

在这场比赛中，不论是达·芬奇，还是米开朗琪罗，都画得极好，无可挑剔，两人都是胜利者。

当事人达·芬奇对米开朗琪罗的这幅画作出了高度赞赏。一天，达·芬奇来到银行家佛罗切斯科·捷列·佐贡多先生的宅第。此时，佐贡多正在为其夫人蒙娜丽莎画肖像。

"达·芬奇先生，您的《安加利之战》我看过了，真是惊心动魄。所有看过这幅画的人都说，您不愧为意大利最伟大的艺术家。看到这样的作品，连上帝也会惊叹的！"佐贡多先生说。

"米开朗琪罗先生也画得很好。我看了他的《卡希那之战》的画稿，几乎不敢相信自己的眼睛！他的艺术已经达到了炉火纯青的地步，没有人能预料他将来还能发展到什么样的境界。"达·芬奇盛赞说。

"他是在同您竞争啊!"佐贡多说。

"竞争当然可以，这并不是什么坏事。只是我有点不大明白，其实，我并不是他想象中的敌人，而是一位可以依赖的朋友。"达·芬奇说，他很难理解为什么米开朗琪罗会对他采取那样一种态度。

但另一位当事人米开朗琪罗就不同了。他为自己没有胜出达·芬奇而气愤难平：为什么同样是一幅壁画，执政官索捷里尼扔到他口袋里的金币是那么少，只不过是达·芬奇的三分之一？由此，他与达·芬奇之间的隔阂更深了。

终于，达·芬奇和米开朗琪罗开始上壁作画了。

但是，不幸得很，他们二人的这两件大作都没能完成。

达·芬奇遇到了障碍，他对所用的颜料极不满意，于是他投入到科学试验中，力图寻找到一种新的颜料。但是，他的这一努力一直未能取得成功，这样，壁画的事情也就被耽误了下来。后来，又由于环境的变迁，大作最终未能完成，传给后世的只有他画的《安加利之战》的草图。

米开朗琪罗也未能完成他的壁画。他的画在战乱中被人割成了碎块，连草图也没能保存下来。我们现在只是根据后人的复制品才得知其概貌的。

虽然达·芬奇的《安加利之战》给世人留下了遗憾，但值得一提的是，这段时期，达·芬奇在艺术上依然取得了最伟大的收获，也是他一生中最辉煌的艺术成就之一，那便是最让他牵肠挂肚、魂牵梦萦的《蒙娜丽莎》的创作了。

▶ 《蒙娜丽莎》

事实上，早在达·芬奇开始创作《安加利之战》之前，佛罗伦萨银行家佐贡多先生就给达·芬奇写了一封信。在信中，佐贡多对达·芬奇的才华和声望表示景仰，并称自己是大师忠实的仆人，恭请他到自己的宅第去做客。

当时的达·芬奇正苦于没有大宗订货，一收到这封信，便立刻兴奋地穿上他的新衣，披上斗篷，登门造访佐贡多先生一家了。

这是一个环境优美的庭院，绿树掩映、鲜花盛开。院中有一座海豚造型的雕塑，雕塑旁的喷泉喷出的水落在池中亭亭的荷叶上，荷叶下是鱼群在嬉戏。

此刻，佐贡多先生正站在家中十分考究的客厅里热情地迎接大师的到来，与他站在一起的，还有佐贡多的岳父。佐贡多时年45岁，他有着同所有达官贵人一样保养得很好的面容，只是年纪不大却已秃了顶。

"尊敬的列奥纳多·达·芬奇先生，我和我的岳父想请您为我的夫人画一幅肖像，这是一件对我们来说非常重大的事情。"佐贡多先生非常恭敬和客气地说。"她是我唯一的女儿，列奥纳多·达·芬奇先生。她的爱女不久前死去，她为此成天闷闷不乐。我们都渴望得到一幅我女儿的画像。我把这看作是对她的慰藉，也是我晚年生活最大的快乐。"佐贡多的岳父也恳切地说。

"在所有画家中，我们认为您是最出类拔萃的一位。至于酬金，我们是毫不吝啬的。我们希望您接受我们的订货。"佐贡多说。的确，对于这样一位富有的银行家来说，只要他的心愿可以完成，金钱是无须计较的。

佐贡多开出的价格，大大出乎达·芬奇的预计。"如果这个酬金少的话，我们还可以增加。"佐贡多说。

"我很乐意为尊贵的夫人绘制肖像。如果方便的话，我想现在就见见夫人。"达·芬奇说。

"好的。"佐贡多说。佐贡多走到门口，向站在那里的仆人吩咐了几句。仆人出去了，不一会儿，一位少妇悄然走进客厅。

她身材丰满，穿着贵重的连衣裙，梳着时髦的发式，一绺绺鬈发披散在肩上，弯弯的双眉下，两只不大的却略带忧伤的眼睛显得异常明亮。虽然谈不上有多么美艳动人，可她全身似乎散发着一种纯真和天然的情趣，具有独特的动人魅力。达·芬奇的心不禁为之一动，说实话，他还从来没有见过这样妙趣天成的女子。

"这就是我的夫人蒙娜丽莎。"佐贡多说。夫人的面颊突然绯红起来，两眼闪闪发光，似乎有点腼腆，又有点调皮，灵魂深处仿佛蕴藏着什么令人难以猜测的东西。

"我明天就可以开始工作。不过，我想告诉您，我绘画的时间比较长，还有肖像的绘制不在您府上，而是在我的画室。因为那里有最适合的条件，希望您能同意。"达·芬奇说。

佐贡多欣然同意。蒙娜丽莎脸上的神秘色彩一下子不见了，转眼间，一片忧闷的愁云爬上了她的面庞。

第二天，在佐贡多先生及一大帮随从的陪同下，轿夫抬着盛装的蒙娜丽莎来到达·芬奇的住处。细心的达·芬奇早已摆上盛着水果、甜食和饮料的盘子，在那里等候作画了。他们互相寒暄一番之后，便开始工作了。

蒙娜丽莎坐下来，两手交叉放着，一副品行端正、温柔善良的少妇姿态。达·芬奇瞥了一眼她的手，那是一双多么美妙的手啊！

"如果夫人不反对的话，我希望您的手上和脖子上不要有任何装饰品。"达·芬奇温和地说。达·芬奇不需要华丽的服装，也不需要任何装饰品，他想描绘的是一个"清水出芙蓉，天然去雕饰"的女子。他希望将笔墨集中在人的脸部、胸部和手部，着力突出女性的天然美。这样，当人们在欣赏这幅作品时，就不会因为那些装饰品而分散注意力了。

蒙娜丽莎听话地褪下戒指、解下项链，然后，又恢复原样坐在那里，一绺绺的鬈发散垂在裸露的肩上。

于是，达·芬奇用含银的铅笔熟练地开启了此次创作的大门。

佐贡多先生在那里一边品着葡萄酒，一边望着达·芬奇作画，心里美滋滋地想："能请到达·芬奇这位艺术大师为自己年轻美貌的妻子画像，不仅可以改变她闷闷不乐的心情，而且也将为自己留下一件很有价值的艺术精品。这是一件多么令人快慰的事啊！"

蒙娜丽莎

以后，蒙娜丽莎又来了好几次。慢慢地，她对这里的人及环境都熟悉了，她很喜欢到这里来做客。不论是器宇轩昂、风度翩翩的大师，还是身材魁梧的独眼龙佐罗阿斯特罗，又或者是有着金色鬈发、号称"姑娘"的萨拉依诺以及心细如丝的波里特拉菲奥，都使她感到那么有趣。即便是这里琳琅满目的飞行机械，多种多样的鸟类标本、蜥蜴、蛇以及叫不出名称的小兽骨架，还有那些五花八门、奇形怪状的瓶瓶罐罐，也会使她感到新鲜。至于大师那一支生花妙笔，就更不用说了。你瞧，当他在调色板上把各种色彩调和在一起抹上画布的时候，一个活灵活现的人在瞬间浮现，这一切真是太神奇了。不仅是这些，就连那几个丑角和魔术师都让她感到特别开心。所有这一切，在家里，在丈夫佐贡多那里，都是看不见、听不到的。在家里所看到、听见的，只是那些长年累月没完没了的关于交易和利润的议论。

达·芬奇知道，他要想方设法驱散她心头的忧闷，唤醒她冷漠的灵魂。他明白，多少年来人们在封建宗教的黑暗统治下和禁欲主义的教条控制下，失去了追求思想自由和幸福生活的权利，就连哭和笑都是亵渎神的、违反上帝意志的行为。那时的画像，包括圣母和基督的画像在内，都是那么呆板、僵冷，没有一点人气。现在不同了，在人文主义（指社会价值取向倾向于对人的个性的关怀，注重强调维护人性尊严，提倡宽容，反对暴力，主张自由平等和自我价值体现的一种哲学思潮与世界观）思想的指引下，人们的思想感情得到了解放。他要歌颂人，歌颂人生，歌颂人的美，歌颂人内在的丰富的思想感情。他要把蒙娜丽莎塑造成一个充满信心，用欢欣与爱慕的眼光来看待生活的女性。他要把那种像幽灵一般令她忧郁寡欢的阴影从画像上驱除干净，让人们从这幅肖像中看到人类应有的永恒的笑容。

为了描绘她美丽的微笑，达·芬奇变着法子逗她开心。有时请琴师伴奏，有时请魔术艺人表演，有时就亲自给她讲个故事，以唤起她对美的向往与追求。

"如果夫人愿意，请让我给您讲个故事。"达·芬奇说。

"故事？什么故事？"蒙娜丽莎问。她对此颇感兴趣。

"请用一枚糖浸杏子，夫人。"达·芬奇娓娓道来，"这是一个古老的故事。很久很久以前，有一个穷人，他有四个儿子，其中三个都很聪明，最小的一个呢，不聪明也不愚蠢。他常常喜欢一个人到田野、海边去看呀、听呀、自个儿想呀，他还喜欢在夜里看星星。父亲临死前，把他们几个都叫到跟前，对他们说……"

这个故事是小时候奶奶给达·芬奇讲过的。这个流传于欧洲、西亚的民间传说有许多不同的版本。奶奶把故事中那个最小的弟弟说成是一个传道士，而达·芬奇则把他改成了一个热爱自然、热爱科学、塑造人的灵魂的人。

"……这时，百花争放，百鸟齐鸣，整个大地一派生机，都为他们唱起了赞美的歌。"

故事讲完了。达·芬奇看到，蒙娜丽莎的面孔亮起来了，双眼也发起光来了。然后，她如梦初醒，深吸一口气，用手摸摸脸，无言地回到座位上，两手交叉，摆成平常那个姿势。

达·芬奇唤醒了一个忧闷的灵魂。她脸上的微笑慢慢消失了，隐隐约约地挂在两个嘴角上。刹那之间，她脸上现出了一种令人心醉神迷而又有点神秘莫测的神情，就像一个洞达世事而又小心保守着秘密却又无法抑制内心那种怡然自得的人。机不可失，画家的敏锐让达·芬奇生怕错过这个难得的瞬间。他迅速拿起笔，屏声静气地在画布上挥洒着……

《蒙娜丽莎》的创作历时 4 年，许多人不禁要问：不过是一幅长 77 厘米、宽 53 厘米的并不大的油画，何以耗费达·芬奇这么长的时间呢？也许是因为当时军事工程师要四处奔波，还有维乔官的大量工作占去他的时间；也许是他要探求一种新的表现手法，从而影响了进度；又或许是他爱上了蒙娜丽莎，舍不得与她分手乃至有意拖延……当然，这些都只不过是人们的猜测而已，无从考证。

而从画作完成到现在，人们对画面中那个神秘的女人也做出了各种猜测：她在想什么？她那神秘莫测的微笑到底包含着什么？答案也许只有达·芬奇自己知道。

达·芬奇没有把蒙娜丽莎当作一个普通女子，而是当作一种艺术形象、一种理想的化身，对她充满爱恋。在创作的过程中，他似乎已越来越分不清，画中的她到底是生活中的蒙娜丽莎，还是艺术中的蒙娜丽莎。不论是生活中的她，还是艺术中的她，都已融入到达·芬奇的艺术生活中，成为他生命的一部分。他深知蒙娜丽莎不同于美女泽慈莉娅。泽慈莉娅是一个混迹于上流社会的经验老到的女人，她的人生不过是逢场作戏罢了；而蒙娜丽莎则不同，她是那么自然美好，那么纯洁、温柔、端庄，是人类走向新时代的女性美的典型代表。她那永恒的微笑，难道不正是这个新时代新女性自信和乐观的象征吗？那样的目光、那样

成长关键词
兴趣广泛、善于思索、精益求精

的微笑，达·芬奇在他的继母阿丽琵耶拉的脸上看到过，在他想象中的生母特丽娅的脸上见到过，在他慈祥的奶奶的脸上也依稀见过。蒙娜丽莎，画家正是通过对你的绘制来倾吐他对美的呼唤啊！

创作中，画家花了很大的精力描绘蒙娜丽莎的手。她那交叉的双手自然安详地放在椅背的扶手上，与脸部的表情配合得是那么和谐。同时，画家用他最擅长的"明暗转移法"，以手指晕染出轮廓，造成异常柔和的色调，使整个画面仿佛笼罩着一层黄昏时特有的那种薄暗光影。画家对人物的眼角、唇边等表露感情的关键部位刻画得尤其细致，揭示了人物微妙的内心活动，给观众留下了强烈而又深刻的印象和丰富的联想。人物背后的风景，也采用了独特的表现方法。画家以缥缥缈缈、气韵生动的幽远山水为衬景，来烘托人物的神秘色彩，整个画面达到了情景结合、以景抒情的意境。

总之，《蒙娜丽莎》的出世，彻底战胜了以神为中心的宗教观点，牢固确立了以人为中心的艺术思想，是人类艺术宝库中不朽的典范，它与《最后的晚餐》都是达·芬奇最著名的代表作。只要有人类存在，《蒙娜丽莎》那神秘的微笑，就将永远受到人们的喜爱。

第三章 艺术巨匠

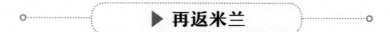

▶ 再返米兰

1503 年，达·芬奇的父亲皮耶罗不幸去世。这一突如其来的变故让达·芬奇感到十分悲痛，想当初父亲的那句名言"谁无一技之长，谁就一钱不值"，至今还在他的脑海中回荡。但他也清楚地知道，死亡是每个人不可回避的事情，活着的人唯有继续做好自己的工作、好好地生活下去，才是对故人最好的慰藉。因此，达·芬奇依照当地的风俗，在教堂为父亲做了弥撒、举行了安葬仪式、办了一个颇有规模的丧礼之后，很快返回佛罗伦萨，之前他正在进行的《蒙娜丽莎》《安加利之战》的创作以及那些科学研究还在等着他去完成。

一回到佛罗伦萨，达·芬奇就一如既往地投入到工作中。

1506年，《安加利之战》的草图完成了，《蒙娜丽莎》的创作也画上了一个圆满的句号，并取得了巨大的成功。尽管如此，达·芬奇却并不怎么兴奋，反而有点怅然若失。他对学生们说，想离开佛罗伦萨，再到米兰去。因为他感到在佛罗伦萨，无论自己怎样卖力工作，成绩怎样出色，似乎都很难得到世人的理解。佛罗伦萨人似乎对他在米兰服务17年之久一直耿耿于怀。他画的《安加利之战》，原本是想借佛罗伦萨人战胜米兰人这一题材来表现战争的残酷性，启示人们珍惜生命，却被包括米开朗琪罗在内的一些人误解为是别有用意，是为了洗刷自己曾经为米兰人服务的"不光彩"的行为。达·芬奇为此感到非常苦闷，他期待在米兰能够得到中肯的评价。

可是，达·芬奇同时也产生了另一个疑问：米兰需要他吗？佛罗伦萨会放他走吗？

眼下，他在这里还有两幅画作没有完成，一幅是市政大厅的壁画《安加利之战》，另一幅是圣塔—安农查塔教堂保护人定做的《圣安娜》。也不知是因为忙于创作《安加利之战》而影响了《圣安娜》的完成，还是因为醉心于《蒙娜丽莎》而耽误了《安加利之战》的进度，反正最终妨碍这两幅画作完成的则是他要离开佛罗伦萨。

1506年，《蒙娜丽莎》完成之后，他收到法国总督夏尔·德·阿布阿兹的邀请信，请他到米兰去完成一些作品，同时还请他为自己绘制肖像。达·芬奇的情绪高涨起来：米兰没有忘记他，他更不会忘记米兰。米兰！那是他在艺术创作和科学研究上获得圆满成功、取得辉煌成果的地方。他在那里度过了自己的黄金时期，创作了不朽的作品《最后的晚餐》；他在那里受到了人们普遍的崇敬和爱戴。他是多么留恋那个地方啊！他现在才明白，他的心早就留在那里了。

达·芬奇马上拜会了佛罗伦萨的最高执政官索捷里尼，向他报告了法国总督对自己的邀请，请求执政官给他一段假期前行。

"您的《安加利之战》还没有完成哪，先生！"索捷里尼有点不悦地说。他想，自己对达·芬奇不薄，就是实在想走，也得把这幅大型壁画完成了再说呀。

"是的，尊敬的阁下，我也想尽快完成。但是，现在困难很多，主要是颜料问题没法解决。我想到别的地方去寻找调剂颜料的更好的配方。在佛罗伦萨，我得不到照我的研究方法所需的那种颜料。现在我手头上的一些颜料都不太理想，若用这些颜料作壁画就会很快坼裂、脱落。《最后的晚餐》现在就有许多地方出现了龟裂。阁下，您知道追求完美是我的奋斗目标，我需要出去寻找并研制合适的颜料。所以，《安加利之战》的完成就得推迟一段时间了。这一点，请阁下予以谅解。"达·芬奇解释说。他的理由合情合理，使得执政官无法反对，只得不情愿地说："既然如此，那您就去吧，不过要快去快回，这里毕竟是您的故乡，我们也很需要先生啊！"

之后，达·芬奇又去找定做《圣安娜》的那个教堂，没费多少口舌，对方就同意延期交画了。

于是，达·芬奇的"第二佛罗伦萨时期"就这样结束了，他把波里特拉菲奥暂时留在佛罗伦萨看家，带着佐罗阿斯特罗、萨拉依诺顺利地上路了，去开启他的"第二米兰时期"。

达·芬奇一行首先来到他在米兰的老朋友哲罗拉莫·麦尔兹的别墅。6年前离开米兰的时候，他曾专程前来向这位老朋友告别，这次重回米兰，他又首先来拜会这位老朋友。

"您好，您好！欢迎，欢迎！我们又见面了！"

"您好，您好！我们终于又见面了！"

两位老朋友紧紧地拥抱在一起。

达·芬奇在这里小住了数日，与老朋友长谈了各自分别后的情况，又从文学艺术、科学技术谈到政治和哲学，真是海阔天空，无话不说。

"法国人把这里治理得还算不错，他们想开凿运河，把农业发展起来。我估计他们请您来可能与此有关，因为您是这方面难得的人才。当然他们在绘画方面也有求于您。"麦尔兹说。

"如果真是这样，那我将非常高兴，我在水利方面的研究就有用武之地了。"达·芬奇高兴地说。

"祝您好运。"麦尔兹说。

"您看法国人在这里能长久地待下去吗？"达·芬奇对变幻莫测的政局总是有点放心不下。他知道，麦尔兹对政治一向十分关心，因此想听听他对政局前景的看法。

"自从莫罗被押往法国投进监狱之后，一直杳无音信。前两年听说他已经死了。他的儿子马克西米连·斯福查现在流亡瑞士，正在那里聚集力量，也许有一天他会卷土重来。但目前他还成不了什么大气候，至少三五年内米兰还将是法国人的天下。您在这里有几年的时间可以安心工作，看来问题不大。"麦尔兹说，他对时势的确很有见地。

"这我就放心了。只要能有个安定的环境让我干成几件事，我就心满意足了。"达·芬奇说。他的脸上泛起了笑容，心里踏实了许多。

此时，哲罗拉莫·麦尔兹先生的小儿子佛朗切斯科·麦尔兹走了过来，昔日的小鬼现在已经长大了，这些年来一直没有忘记达·芬奇对他的鼓励，一直渴望再见到大师，拜大师为师。

小麦尔兹毕恭毕敬地递上他最近的画稿，达·芬奇一页一页地仔细地翻着。

"哦，你的素描画得还不够熟练，许多地方画得也不正确，不过你在风景和植物的速写中，倒是不乏精彩之处。看得出来，你还是有点绘画才气的。怎么样，是不是还想跟我学绘画呀?"达·芬奇问道。

"当然想了，太想了。自从上次您走了以后，我就一直在想何时能随老师去学画。现在我已经长大了，这次您就带我走吧!"小麦尔兹急切地说。

达·芬奇扭过头望望他的父亲，毕竟麦尔兹还是个孩子，需要经过他父亲的同意。

"孩子愿意去，就请您答应他，带他去吧。能跟您学画，这是他的福气，我还有什么不赞成的。"老麦尔兹诚恳地说。的确，把儿子交给这位老朋友，他还有什么不放心的呢?

"好，这个徒弟我收了。"达·芬奇爽快地回答。

"谢谢老师，谢谢老师!"麦尔兹忙不迭地鞠了好几个躬。从此，佛朗切斯科·麦尔兹就成为达·芬奇的入室弟子，一直忠心耿耿地跟随着他，直到达·芬奇离开人世。

离开友人家后，达·芬奇前往拜见夏尔·德·阿布阿兹总督。

总督走到门外，热情地迎接他的到来。双方入座，闲叙片刻后，总督立即转向正题，与达·芬奇商讨工作的问题。

"尊敬的列奥纳多·达·芬奇先生，我久仰先生的大名，对先生十分敬重。您是一个多才多艺的大师，我们希望您能把您的聪明才智献给这块土地。以前您设计并主持过这里的运河开凿，很可惜后来工程停止了。这次请您来，是请您帮助解决当地与农业有关的问题。当然，我个人还有一个愿望，就是想请您为我画幅肖像画，这是我期待已久的梦想。"总督大人诚恳地说。

"谢谢总督先生为我提供这个机会和条件。米兰是我的第二故乡，我愿意为它的发展尽力，愿意为总督效力。"达·芬奇说。

就这样，达·芬奇成了法国宫廷的技术专家和画师。而他为夏尔·德·阿布阿兹创作的肖像画画得很好，令夏尔十分满意。

夏尔把达·芬奇视为十分难得的人才，很想把他留在自己的身边。于是，夏尔给索捷里尼写了一封信，信中这样写道:"我们还需要列奥纳多·达·芬奇完成一些画幅，因此，请您给列奥纳多·达·芬奇延续假期，以便他能在米兰再停留一段时间。"

索捷里尼看了这封信，气得往地上一扔，怒气冲冲地叫道："可耻，可耻！简直是叛变！"

他立即给夏尔·德·阿布阿兹回了一封信，宣泄了一通他对达·芬奇的不满。在信中他这样写道："列奥纳多·达·芬奇对待共和国的行为，是不应该的。他的所作所为，像一个地地道道的变节者。"

佛罗伦萨的最高执政官对达·芬奇这样看，在他的影响下，故乡不少人对达·芬奇也这样看。一时间社会沸沸扬扬，说达·芬奇为法国人效力，简直就是一种背叛行为。这种极不友善的舆论迅速传播开来。

一向豁达大度的达·芬奇再也不能平静了，他不能忍受这样的奇耻大辱。愤怒的达·芬奇立即向他的老朋友麦尔兹求援，请麦尔兹借他一笔钱，还给索捷里尼。

这时，怒气稍平的索捷里尼也感到他的做法欠妥，立即把达·芬奇寄来的钱又退了回去，并给达·芬奇写了一封信，在信中说："共和国足够富裕，不可能去挪用艺术经费。"

这件令人不快的事就这么过去了，但在达·芬奇的心中却留下了无法愈合的伤痕。故乡啊故乡，你怎么能如此对待你的儿子呢？不就是向佛罗伦萨当局请假，在米兰工作一段时期么，怎么能和"背叛""变节"联系在一起呢？

达·芬奇无论如何也想不通，他无法承受这么罪恶的字眼。不过好在他是一个非常豁达的人，用不了多久，他的心境又平静下来，沉浸在科学和艺术的世界中。

但是，夏尔总督还记着这件事，他一心想把达·芬奇这个难得的人才从佛罗伦萨挖过来。于是，他向国王留多维克打了个报告，说佛罗伦萨执政官索捷里尼对达·芬奇的无礼，实际上就是对法国国王的不敬，现在应向他下令，要求把达·芬奇永久留在米兰，为法国宫廷服务。法国国王同意了，而佛罗伦萨的执政官因为把法国当作自己强大的同盟者，所以无法违抗指令，只能忍气吞声地服从国王。除此之外，他别无选择。

就这样，达·芬奇留在了米兰，专心为法国国王效命，直到逝世都没有再回过佛罗伦萨。而他的学生波里特拉菲奥和佣人马尔科·德·奥卓诺后来也因工作需要，离开了佛罗伦萨，与达·芬奇的老朋友、数学家卢卡·巴却里教授一起来到米兰。

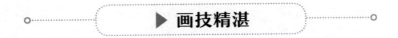

▶ 画技精湛

1506年，达·芬奇完成了取材于希腊神话故事的一幅油画——《丽达与天鹅》的创作。

丽达是一位美丽的仙女，她孤身一人居住在荒岛上，那里风景优美，但是人迹罕至。因此，她感到非常孤独和寂寞。为了排遣这种寂寞，她总是喜欢躺在绿荫之下，看着云飞云散，自得其乐。一天，天边突然飘来一朵闪光的云彩，落在了她的面前。丽达这才发现，原来那是一只晶莹洁白、优美健壮的天鹅。它走向丽达，依偎在她的身边。丽达非常喜欢这只天鹅，可是让她没有想到的是，这只天鹅是宙斯变的。渐渐地，他们相爱了，丽达怀孕并生下了一个大鹅蛋，两个男孩破壳而出。

达·芬奇在画中描绘的是丽达和天鹅相会时的情景。画面的背景是蓝天下群山环绕着河流湖泊，前景是赤裸着的丽达和矫健的天鹅。丽达的脸上带着少女初恋时的喜悦和羞怯，而她迷人的躯体展示了青春的美丽。在画面的左下角有一对白胖的孩子活泼天真地嬉戏，抢夺着手中的鲜花。整个画面生机勃勃、情趣盎然，表达了艺术家对自然的赞美和对美好人生的颂扬。

达·芬奇在他的笔记中曾做过这样一个关于绘画的阐述："绘画的最大奇迹，就是使平的画面呈现出凹凸感。"他使用圆球体受光变化的原理，首创明暗转移法，即在形象上由明到暗的过渡是连续的，像烟雾一般，没有截然的分界。这幅《丽达与天鹅》与《蒙娜丽莎》都体现了这种神奇的效果，令人称叹。

丽达与天鹅

然而，高超的艺术技巧并未让达·芬奇得到艺术家应有的待遇。

当时，达·芬奇是以在路易十二手下供职为名去米兰的，但是他没有固定的俸禄，经济上完全靠国王的赏赐。而国王又经常被官员们包围着，时常把他忘记。因此，他的生活同以前一样，总在贫穷和借债中度过。只要是能借到钱的地方，他都会去借，甚至还放下老师的面子向自己的徒弟借钱。等到了还钱的期限，他又借新债来偿还旧债，如此循环往复。

到了实在无路可走的时候，他也写信给法国米兰的总督查理达·安波斯以及其手下的度支官，支支吾吾地讨要他的薪俸："并非存心麻烦大人，实在不能不敬问一声：我的薪俸能发给我吗？我不止一次上呈大人了，但至今仍未得到答复。"信呈上去之后，他焦急地等待大人们的回音，可是这个希望十有八九落空了。

3年之后，教皇袭利斯和西班牙国王费迪南结成"神圣同盟"，把法国人赶出了伦巴底，而且依靠瑞士雇佣兵的帮助，把洛德维科·斯福查的儿子马克西米连·斯福查召回做公爵。

达·芬奇搭了一个凯旋门来欢迎他。小摩罗公爵的位子坐得

成长关键词

兴趣广泛、善于思索、精益求精

Da Vinci

并不稳当，那些瑞士雇佣兵一点也不关心他，把他当作无足轻重的傀儡，而神圣同盟的那些人又太关心他。青年公爵虽无心顾及艺术，但他还是聘请达·芬奇任宫廷画师，规定了薪俸数额，但始终不曾支付过。达·芬奇的生活似乎从未像现在这样窘迫过。

1512年，达·芬奇已近暮年，这一年他创作了素描《自画像》。从现在传世的作品和资料来看，《自画像》应该是达·芬奇的封笔之作，他用这幅画为自己一生的艺术创作生涯画上了一个完美的句号。

这幅《自画像》是绘画大师达·芬奇的素描精品。画面中的达·芬奇蓄着浓密的长须，目光深邃、犀利，额头和眼角皱纹纵横，显示出一位阅尽人间沧桑、经历丰富的老者的智慧，端直的鼻子下面，嘴角刚毅而有力，他的脸上露出沉思和痛苦的表情。整幅画揭示了达·芬奇个人的全部命运，也烙上了那个时代的印记。

有人曾这样评论："人们从这幅《自画像》里，可以看出巨匠的思考力、智慧和性格的特征。人们可以看到具有坚强不屈的意志的鼻梁和嘴唇，洞察一切事物的敏锐的眼睛。波浪式的长发连接着下须，掩盖着深思而庄严的脸，给人留下了一个具有无限生命力的伟大师匠的印象。"

素描是用红炭笔创作的，线条流畅、有力，具有激动人心的表现力。它没有被细节湮没，也没有回避细节，而是详尽无遗地表现了人物的本质特征。线条不仅仅描绘了形象的轮廓，还具有一定的空间立体品质，创造了生动的造型体积感受，达到了浮雕式的造型效果。

由此可见，达·芬奇的素描作品的艺术水平已达到极高的境界，难怪会被誉为素描艺术的典范。在建筑、雕刻和绘画的创作中，他都以大量素描为构思和研究的基础，从结构到人物，甚至每个手势都做了充分的素描习作。他的素描甚至超过了现代摄影术的作用。

名人名言·谦虚

1. 为人第一谦虚好，学问茫茫无尽期。

　　　　　　　　　——〔明〕冯梦龙

2. 虚已者进德之基。

　　　　　　　　　——〔明〕方孝孺

3. 人生大病，只是一"傲"字。

　　　　　　　　　——〔明〕王阳明

4. 不骄方能师人之长，而自成其学。

　　　　　　　　　——〔清〕谭嗣同

5. 不傲才以骄人，不以宠而作威。

　　　　　　　　　——〔三国〕诸葛亮

6. 念高危，则思谦冲而自牧；惧满盈，则思江海下百川。

　　　　　　　　　——〔唐〕魏　徵

7. 尺有所短，寸有所长。物有所不足，智有所不明。

　　　　　　　　　——〔战国〕屈　原

8. 不满足是向上的车轮。

　　　　　　　　　——鲁　迅

9. 从自知知人中而表示谦虚，那谦虚才不至于是虚伪的。

　　　　　　　　　——巴　金

10. 虚伪的谦虚，仅能博得庸俗的掌声，而不能求得真正的进步。

　　　　　　　　　——华罗庚

成长关键词 ↓ 兴趣广泛、善于思索、精益求精

◁ 第四章 ▷

Da Vinci

不死鸟

　　一生没有虚过，可以愉快
地死，如同一天没有虚过，可
以安眠！

　　　　——［意大利］达·芬奇

▶ 鹰的遗言

　　法国国王是个十分富有的大贵族，他养了 16000 匹马，并将自己的宫殿布置得金碧辉煌。他同其他国王、公爵一样，喜欢寻欢作乐，闲暇时就出去打猎。因此，为了满足、讨好国王，他的周围总少不了一帮变着法儿让他高兴的人。

　　所有的人都知道国王十分尊敬达·芬奇，所以大家对达·芬奇也格外崇拜，简直到了趋之若鹜的地步。在这里，年迈的达·芬奇被尊为座上宾，周围有一群追崇、敬仰他的人。这些人不仅崇拜他的才干和学问，连他的言谈、举止、生活习惯也成了众人争相模仿的对象。达·芬奇说话时不紧不慢，娓娓道来；目光犀利，透着无穷的智慧；步态稳健，波浪形的雪白胡须都显示出了他作为艺术大师与众不同的优雅气度。宫廷女士们崇拜他的舞姿、仪表，称誉他是伟大的"丘比特"。就连他那件旧的有直条皱褶的佛罗伦萨斗篷，此刻也成了大家的焦点，被人们纷纷仿制。街上的裁缝店里堆满了各种玫瑰色和暗红色、有直条皱褶的斗篷，广告牌上写着："国王画家达·芬奇先生的斗篷。"

　　达·芬奇在国王为他提供的良好环境中勤奋地工作着。在宫廷中，他既是营造师，又是画师、室内装饰师、机械师。国王希望自己宫殿的品味和建筑风格成为欧洲各国的典范，他需要达·芬奇在宫廷建设方面贡献出他的智慧和经验。

　　同其他宫廷一样，在法国宫廷中，也经常有各种各样的庆典活动。在这些庆祝活动中，达·芬奇又成了一个离不开的人物。不论是王子的洗礼，还是那些皇亲国戚的儿女们的婚事，哪一件都少不了请达·芬奇帮忙。这对一个已经 65 岁的老人来说，确实是够忙够累的了。但是，这些事，他又不能不干。因为在那个时代，为权贵们服务，取得权贵的信任，是一个艺术家实现自己的创作愿望和科学理想的重要条件。在各个权贵之间奔忙了几十年的达·芬奇，又怎么会在这个时候犯糊涂呢？

当然，对于达·芬奇来说，最重要的事情还是他的科学研究。达·芬奇整天趴在桌上，在那里画呀、量呀、算呀，一待就是大半天。在机械研究方面，他硕果累累。他设计过擀毡机、剪毛机、纺纱机、织布机、印刷机、卷扬机、抽水机、冶金炉、坩埚炉、闹钟、大型挖土机、起重机等机器。早在英国工业革命之前，世界上还没有螺丝刀的时候，他就创造了活动扳手、棘齿轮、千斤顶、绞车、旋床、牵引装置等。他还发明了一种变速转动装置，利用内轮转动慢于外轮转动的原理，使车子在拐弯时，可以沿着曲线行驶……达·芬奇在机械学方面的卓越贡献，从另一个侧面充分显示了这位"巨人"的博学多才和无穷的智慧。

此刻，达·芬奇决心把最后的精力放在自己最感兴趣的科学研究上：一是从事解剖学的著述。多年来他一直在进行解剖学的研究，他要把自己所观察到的、想到的统统记载下来，写成一部专著。二是从事他一直没有间断过的机械研究。国王对这方面的事情很感兴趣，交给他不少相关的研究任务。他想集中精力，争取在这方面有所建树。三是整理自己过去的手稿。

工作之余，达·芬奇常在麦尔兹的陪伴下出去散步。

一个初秋的下午，达·芬奇终于完成了解剖学的草稿。他伸伸懒腰，叫上麦尔兹，一起出去散步。

他们在湖边漫步，在绿草如茵的小山丘上攀登。那里，草木葱茏、鸟语花香，令人赏心悦目。

"麦尔兹，你看，大自然多美啊，它包含着无穷的智慧。世间的一切事物都在运动中，大自然中没有完全相同的事物，就是同一事物也在不断发展变化。如果你想成为一个出色的画家，你就好好观察大自然，向大自然学习吧，它就是我们最伟大的老师。"

"是的，老师。"

不知是达·芬奇今天走的时间长了点，受了风寒，还是他近来忙于搞那些机械设计太耗神，回到家的第二天，达·芬奇就发起烧来。这下，可忙坏了麦尔兹和维拉尼斯。他们又是请医生，又是跑药房买药，日夜守候在达·芬奇的身边，十几天之后，达·芬奇才慢慢恢复过来。

达·芬奇明显感到他现在生病的频率比过去大大增加了，随着身体的日渐衰弱，精力也大不如前，再也没有力量画出像《最后的晚餐》那样的鸿篇巨作来了。更糟糕的是，一件不幸的事情突然发生了：因为一次意外中风，达·芬奇的右手瘫痪了！他明白，这是一个不祥的信号。

所幸达·芬奇是个左撇子，右手出了问题，对他写作影响倒也不大，只是生活上的不便让这位老人很郁闷。

也许是随着年岁的增加，人对生活乃至生命有了更多的感悟和体验。在一生所取得的巨大成就的背后，达·芬奇有时也会感觉到自己对生活琐事的厌恶。因为那些他平生视为神圣的、伟大的东西被世人拿去玩弄。例如，《最后的晚餐》中耶稣的面容被人描摹去了，同教会的庸俗观念结合在一起；《蒙娜丽莎》那神秘的微笑也被人指责成了淫荡的，或者纠缠到什么"柏拉图式恋爱"的幻想中去了。达·芬奇觉得自己是孤独的，凡联系他与活人世界的一切线索都先后被剪断了。他的周围，孤独和寂寞正一天天地不断扩大，他好像正拿着铁铲孜孜不倦地在岩石中开掘一条小路，这条路黑暗而狭窄，曲曲折折地深入地下。他希望有一天自己能够掘出一条通往新的天空的道路，但这种希望越来越渺茫，最后也许只能沦为妄想。

他常常独自坐在画室的窗前，望着窗外风景如画的平原、成行的杨树呆呆出神，一坐就是几个钟头。每当这个时候，忠实的麦尔兹总是陪伴在老师身旁，不离左右。

达·芬奇究竟在想什么呢？

他是不是在想自己走过的路？这么多年来，他四处奔波，从佛罗伦萨到米兰，再返回佛罗伦萨，随后又重回米兰，再到罗马，最后定居法国。战乱连绵不断，迫使他颠沛流离、飘泊不定，虽然做了不少工作，但也有许许多多想做的事没有完成。达·芬奇一生都在追求完美——人格的完美、事业的完美。回首往事，他的一生不愧为光辉灿烂的一生，但也缺憾多多，有许多事未能善始善终，有许多事不能尽善尽美，更不用说还有太多太多的事他都来不及做。有时他甚至自责"从来没有干成一件事"，因为他的那些发现、发明和创造，大都不过是纸上谈兵罢了。

他是不是在想《最后的晚餐》？这幅壁画一问世就受到各方人士的好评，可惜颜料不过关，又是画在食堂的墙上，正中还有一个门，那里的修道士老敲厨房的门，使画受到震动，下部受到破坏，颜料层坼裂、变暗、发霉，脱落得厉害。他想研制一种新的颜料，可至今尚无理想的结果。

他是不是在怀念《蒙娜丽莎》？那是他生命中最美好的乐章，无论是作为银行家佐贡多先生的妻子的蒙娜丽莎，还是画家笔下的蒙娜丽莎，都已成为他生命中难以忘怀的一部分。蒙娜丽莎在她不到 30 岁时就去世了，她的丈夫也在垂暮之年谢世。他们的家人以 4000 金币的价格把这幅肖像画卖给了法国国王佛朗泽斯克一世，国王又把这幅作品交给达·芬奇，请他修复。伊人已去，现在他能看到的，只有当年这充满激情和创造力的画作了。那是一双什么样的眼睛，什么样的微笑啊！他爱她，永生永世忘不了她，他拖延着和肖像分手的时间，生怕从此再也见不到她。

他是不是在想他的老师、朋友和家人？托斯卡涅里老师、维罗乔老师、老朋友麦尔兹、父亲皮耶罗……他是不是也想到了自己的死？是的，他想到了。生老病死，这是自然规律，死亡是任何人都不能逃避的最后的归宿。对此，他早就明白了。他一生笃信科学，面对死亡，他并不觉得有什么可怕，也没有什么悲伤。

他在思考人与自然、社会的关系，他在想人作为大自然的一部分怎样才能成为大自然的主人。

达·芬奇缓缓地铺开纸张，拿起笔，写下了一篇寓言《鹰的遗言》：

一只年迈的老鹰孤傲地独居在鸟迹罕至的悬崖峭壁上，生活了好多好多个年头。然而，它的精力日益不济，它感到自己的生命即将走到尽头。

老鹰发出一声强有力的呼唤，召来居住在附近山岩上的儿女们。大家到齐之后，老鹰环顾一下每个孩子说："你们都是我养大的，从小我就使你们养成直视太阳的习惯。我让你们那些经受不住烈日烤晒的弟兄都饿死了。这就是你们比其他鸟类飞得更高的缘故。谁敢靠近你们的窝穴，谁就要倒霉！一切动物在你们的面前都会心惊胆战。不过你们要宽宏大量，不要伤害那些无力自卫的弱者。要记住那条古老的格言：人可以迫使别人怕你，但不能迫使别人尊敬你。"

孩子们恭敬地聆听父亲的教诲。"我的寿数已尽，"老鹰接着说，"但我不想死在窝里。绝不！我要最后一次竭尽全力振翅高飞。我要迎着太阳飞去，让烈焰烧掉我衰老的羽毛，然后坠入大海深处……"

"但你们要知道！"父亲最后对孩子们说，"在那一瞬间，将会出现一个奇迹：我将变成一只年轻力壮的山鹰飞出水面，重新开始新的生活。这就是我们鹰的命运！"

说完，老鹰展开双翅进行最后一次翱翔。它是那样高傲和庄严，在山崖——在这里，它养育了无数后代，度过了漫长的岁月——上空做了最后的盘旋。孩子们怀着无比深厚的感情，肃然目送父亲勇敢地向着太阳冲去。

这是多么壮美的死亡！面对死亡，它是那样坦然平静、那样勇敢豪迈，这就是鹰的品格。达·芬奇赞颂鹰的品格，他希望留给后人的是那种高尚人格和英雄气概的赞颂。

▶ 并不孤独

冬去春来，达·芬奇依旧不停地搞着他那些机械设计。他已经伏案工作好久了，待工作告一段落，回头一看，麦尔兹还坐在那里。

"老师，快吃午饭了，您也该休息休息了。"麦尔兹说。老师正在思考问题或是写作的时候，是不愿意被人打扰的。

"是啊，是啊，是该吃点东西了。午睡后，咱们出去走走，好吗?"达·芬奇伸了伸腰，有些疲倦地说。一般情况下，达·芬奇有午睡的习惯，这也许是他一生能保持旺盛的创造力的一个重要原因吧。

"好的。"麦尔兹说。

午睡后，他们缓步来到湖边。十几只野鸭子在湖面上自由自在地游动，不时把头伸进水里。他们走上山丘，那里青松挺立，小草已冒出了嫩绿的芽，山坡像被披上了一层黄绿色的地毯。风儿轻轻吹，柳枝微微摆，达·芬奇的心情非常舒畅。

"大地苏醒了，千万只小甲虫醒过来了，一切都充满了生机和活力。生命是神圣的，正因为我们没有力量创造生命，所以我们无权毁灭生命。剥夺任何生物的生命都是一种万恶的行为。不看重生命的人，就不配享有生命。"达·芬奇被眼前的一切所触动，有感而发。

"是的，老师。人类应当珍重生命，努力实现自己的愿望。"麦尔兹附和道。

"不错，人应当努力实现自己的愿望。但是，你要知道，实现愿望是一件十分艰难的事。不过，有时追求愿望的过程比愿望的实现更甜蜜。"达·芬奇说。

"老师讲得很有哲理。这一点，我没有想到。我只知道人们都希望实现自己的理想和愿望，尽管由于各种各样的原因，这些理想和愿望并不一定都能实现。"麦尔兹说。

"确实是这样。既然我们无法取得我们所希望的东西，那么，就让我们取得我们所能得到的东西吧。"达·芬奇说。

师生二人从山坡上往下走着。麦尔兹紧紧地跟在老师的身旁，小心翼翼地护着他，生怕老师跌倒。"麦尔兹，还记得我给你们讲过的《毛毛虫》的故事吗?"老师问。

"记得，老师。那只小东西开始笨拙得很，既不会鸣叫，也不会飞。但它既不抱怨命运，也不羡慕任何人，而是努力做好自己的事情。终于，它有了轻盈的翅膀，展翅高飞了。"麦尔兹回答说。"不错，就是这样。这些年来，你个儿长高了，绘画技术也有了显著进步。你现在已经长出了轻盈的翅膀，可以展翅高飞了。你应该回到你父亲那里，开创自己的事业。"达·芬奇说。

"我不回去。我，还有维拉尼斯，我们两个永远不会离开您。"麦尔兹坚定地说。

"我的佛朗切斯科·麦尔兹，我知道你是爱老师的，愿意为老师贡献出自己的一切。忠心耿耿的佐罗阿斯特罗已经为我献出了生命，萨拉依诺也是爱我的，你们都是我的好学生，可我也得为你们着想啊！我还是希望你离开我而去干自己的事。"达·芬奇极力掩饰着内心的不舍，故作平静地说。老实说，让这个陪伴了自己许久的孩子离开，并不是他的本意。但出于长辈对后辈的关怀，出于老师为学生的打算，他必须让麦尔兹独立。

"老师，谢谢您对我的关怀。但我是不会离开您的，特别是现在，当您正需要人照顾的时候。如果我这时离开您，我无法安心的。老师，咱们不说这个了，好吗?"麦尔兹说。他要把老师从这个多少有点伤感的话题中引开，无论如何他都不能把老师一个人留在这里。

"好吧，不说它了。"达·芬奇说。

就在这时，佣人马久林娜气喘吁吁地向他们跑来。

"先生，意大利来客人了，红衣主教大人……请您快点回去。"她上气不接下气地说。

红衣主教？意大利红衣主教？这可真是出乎意料。这个消息使达·芬奇异常兴奋。

意大利，多么熟悉的名字，这个曾经给他带来伤痛的地方，让他记忆犹新。然而，此刻的他早已不在乎祖国对他的薄情，不计较一些人对他的指责。那毕竟是自己的祖国啊，是生他养他的土地！孩子与母亲那种难以割舍的感情让达·芬奇兴奋得三步并作两步地飞奔回去，他要早一点看到这位远道而来的客人。

来者是意大利红衣主教路易治·阿拉贡斯基以及他的随从。他到法国晋见国王，路过这里，特意来拜见达·芬奇。对于命运迫使这位大师离开故土，把自己的余生交给另一片陌生的土地，他深感痛心。

"您好！尊敬的列奥纳多·达·芬奇先生。"红衣主教走上前，紧紧握住了大师的手。

"谢谢，主教大人。"达·芬奇也有些激动地说。

"先生的身体看来还不错，如果方便的话，请先生在适当的时候回故乡看看。"红衣主教盛情地说。

"我也很想回去看看，但此生恐怕是难以如愿了。"大师不无惋惜。

红衣主教请求看看大师的作品。达·芬奇把客人领到画室，由麦尔兹帮着先生一幅一幅掀开覆盖在画框上的粗麻布。这是《施洗者约翰》，这是《圣安娜》，这是……红衣主教仔细地欣赏着。

"有一幅杰出的肖像画，我们国君很感兴趣……"红衣主教提示说。那是他最想欣赏的作品。

达·芬奇走到一个画架前，掀开蒙在上面的塔夫绸，《蒙娜丽莎》那永恒的微笑出现在红衣主教面前。

红衣主教一动不动地站在那里，呆呆地看着《蒙娜丽莎》。好久，他才回过神来，叹了口气。

"她在如花的年龄中死去，她的丈夫也死了。他的家人把这幅画卖给了佛朗泽斯克一世，国王交给我修复，待修复完之后，就得交给国王了。如果您晚来几天，就看不到她了，那时，我也见不到她了。"达·芬奇不无感伤地说。

红衣主教感慨地离开了《蒙娜丽莎》。"先生，您怎么受得了这样的孤独和寂寞？"

"孤独和寂寞？不，我并没有这样的感觉。我在这里没有常人的欲望，也没有外界带给我的烦恼。我并不是孤身一人，我有我的学生、我的思想、我的创造物，他们天天陪伴着我。"达·芬奇用手指指那堆满平面图和笔记本的书架及桌子说。

"我明白了。"红衣主教说。他现在算是弄清楚了，大师为何没有孤独之感，原来，他的精神生活是如此高尚和充实。他没有被现实的残酷而打垮，而是始终以自己的方式骄傲地站着。

达·芬奇一一打开自己珍藏的那些笔记本，向红衣主教讲解着上面的平面图。红衣主教惊异地看着、听着，此时他更加确信，达·芬奇不仅是一位伟大的画家，而且是一位伟大的思想家和学者。他的学识是那样渊博，他的智慧是那样丰富，他的头脑简直就是一座知识的宝库。

当红衣主教路易治·阿拉贡斯基离开画室前往国王王宫时，天色已经很晚了。临别时，主教紧紧地拥抱了一下达·芬奇。

"多么可怕的损失！这真是难以挽回的损失啊！祖国失去了您这样一个伟大的艺术家、伟大的学者！"红衣主教动情地说。

"一切已成为过去，这个人就要彻底离开人世了。"大师异常平静地说。

达·芬奇把红衣主教一直送到小城堡的大门口，一路上他默默无语。此次的见面对达·芬奇来说无疑是悲喜交加，他已经不知道该用怎样的语言来表达内心的感受了。

▶ "天鹅" 之死

在红衣主教离开不久，达·芬奇就病倒了。这次他病得不轻，在床上躺了好长时间才能勉强下地。

达·芬奇是个意志极其顽强的人，病稍好一点，他就在麦尔兹和维拉尼斯的搀扶下，在院子里散步锻炼。

"麦尔兹，给我唱首歌好吗？"老师说。

"老师想听什么歌呢？要不我就唱那首《五月节歌》吧，好不好？"麦尔兹说。他知道老师最爱听这首赞美大自然的歌，这是来自家乡的歌。

"好，你们唱吧。"老师说。

两个学生一边扶着老师慢慢走着，一边轻声唱了起来：

青松、山毛榉、月桂树，

花呀、草呀、草地和悬岩都闪闪发光，

比什么稀世的珍宝都要明亮，

这天空碧蓝晶莹多么美丽啊！

"小时候，我常常一个人在芬奇镇附近的山坡上捉蜻蜓、捕昆虫、抓鸟儿，望着蔚蓝的天空、山上的美景，真是乐不思蜀啊！那时，我最爱唱的就是这首歌。时间过得真快，不知不觉 60 多年就过去了！"达·芬奇感慨地说。

又过了一段时间，达·芬奇可以不用别人搀扶，自己走路了。但经过了这场大病，他的身体仿佛僵硬了，行动远不如过去那样灵活自如。

大家都以为他的身体在一天天好转，可是好景不长，他的病情急转直下，竟然完全不能走了。

达·芬奇知道这是为什么。在一篇科学笔记中他这样写道："健康老人常常死于给养供应不上，这是由于酒精越来越多地涌入了他的血管，使毛细血管的内壁被阻塞。因此，老年人更怕冷……人的这层血管膜，也正如酸橙的厚皮，皮越厚越成熟，肉越薄……"达·芬奇的病是当时一般人尚不知道的血管硬化，如今这已成为常识了。

达·芬奇知道，自己已经来日无多，生命很快就要结束了。尽管他不愿意这么快就终结自己的生命，但笃信科学的他清楚地知道死亡是自然界必然的规律。因此，面对这样悲凉的现实，达·芬奇泰然处之，他不愿意将剩下的日子用在对死亡的恐惧之中，只要还有一口气，他就要再做些什么。他继续终日忙着那些科学研究，竭尽全力地工作。

他在自己写的一篇篇寓言中，暗示了他对待死亡的科学态度，我们可以看出这位坚强的老人在生死面前的淡然和超脱。

他在寓言《天鹅》中这样写道：

天鹅把柔软的脖颈伸到平静的湖面，久久端详自己的倒影。它感到疲惫不堪，浑身发冷，像在隆冬时一样。它明白这是什么原因。

天鹅深切感到自己的生命已到尽头，那无法阻止的同生活永别的时刻即将来临。它的羽毛还像青年时代那样美丽、洁白。这身银装素裹，虽历经无数酷暑寒冬，但依然像白璧那样了无瑕疵。

现在，它准备平静、庄严地结束自己的一生。它把漂亮的长脖弯成弧形，缓缓地、凝重地朝着一棵老迈的垂柳游去。往年，它总在那片树荫下度过炎热的夏天。

夜幕低垂，落日映红湖水。万籁俱寂、暮色苍茫中，悠然传来天鹅的歌声。以前它还从未这样满怀深情、无限惆怅地唱过。歌声充满激情，倾吐着它对大自然、天空、流水和大地的热

爱……

"天鹅正在歌唱,"所有动物都被这诀别的歌声迷住了,"这是天鹅临终前唱的歌。"

凄婉哀怨的歌声在四方回荡,随着落日的最后一抹余晖而渐渐消失。这是多么美好的意境和情操!对大自然无限热爱的美丽圣洁的天鹅,正是达·芬奇自身的象征。它在死亡面前从容、庄严的态度,也正是此时此刻他本人内心的真实写照。

达·芬奇还在另一篇寓言《不死鸟》中说,不死鸟在一望无际的沙漠上空翱翔,发现远处的地上有一堆篝火。它明白生命中最后的考验来到了。于是它忍着剧痛,无畏地投入到篝火中,而它最后也在灰烬中获得新生。这篇寓言同样反映了他对死亡的科学态度。

《森林中的百灵鸟》讲的是百灵鸟用它的眼睛治好了一个生命垂危,连最好的医生都束手无策的城堡主人的故事。作者在这篇寓言的最后说:"在我们的生活中,善良也像这只敏感的百灵鸟一样,远离一切病害、丑陋和邪恶,亲近诚实、高尚的行为。正如鸟儿喜欢营巢于浓荫如盖的树林中一样,善良永远扎根在感觉敏锐、有同情心的心灵之中。……患难见真情。真挚的感情犹如一团火光,夜色越浓重,它越明亮。"作者在这里大力赞美人的善良的品德、真挚的感情、诚实高尚的行为和乐于助人的精神。在自己生命的最后日子里,达·芬奇仍在真情地呼唤人间的真、善、美!

1519年4月23日,一个阳光明媚的早晨。达·芬奇最忠实也是最喜欢的学生麦尔兹一大早就跑去看老师。他看见画家仍处在亢奋之中,知道老师一定是彻夜未眠。此刻,老师还在读自己的笔记:"我清楚地知道,因为我没读过多少书,一些骄傲的人便以为,他们有权利指责我。我可以这样回答他们:'你们是一些用别人的劳动打扮自己的人,你们不想承认我有我个人的权利。'你们不知道,我从实验中吸取的东西要多得多,我把实验当作我的导师，在一切场合我都要援引它的结果。"

看见麦尔兹进来了，他亲切地示意他坐下，然后吩咐他把公证人找来，他要写下遗嘱。达·芬奇清醒地意识到死神离自己越来越近，生命之火即将熄灭。他想，自己已经做了自己所能做的一切，但也有许多事想做而没有做或没有做完。天不假年，他只好带着他的辉煌和遗憾去了。但在走之前，他要尽可能地安排好所有的事情。

公证人布罗先生走进了画室。

达·芬奇庄严地口授遗嘱，由公证人负责记下："我把我的灵魂托付给全能的上帝，托付给圣洁的玛利亚，托付给庇护者圣米哈依尔，托付给所有的保护天使和天堂里所有的圣人！"

接着，他吩咐：留赠米兰贵族佛朗切斯科·麦尔兹先生他目前全部的藏书、其他物件、艺术和研究草图。达·芬奇没有自己的孩子，他把所有余下的衣物和财产以及养老金，全都慷慨地赠给了这个可爱的学生。他相信，了解自己的麦尔兹一定会妥善保存好他的那些宝贝的。他还规定了出殡时蜡烛用多少，甚至连受雇参加出殡的人的报酬也做了说明。做完这一切，达·芬奇安心了。

此后的日子里，达·芬奇越来越感到体力不支。他开始失眠，有时整夜整夜地睡不着。

一个清冷的夜晚，他躺在床上，翻来覆去，无法安静下来。夜很静，突然他听见咯嘣咯嘣的声音，那是老鼠咬东西时发出的声响。达·芬奇不免有些担心他的那些画，尤其是他的《蒙娜丽莎》，那可是他呕心沥血的结晶啊！

于是，他以最快的速度从床上坐起来，披上衣服，提着灯笼，缓步走进画室，来到《蒙娜丽莎》面前。站在画前，他仔仔细细地审视着。还好，一切安然无恙。蒙娜丽莎依然向他神秘地微笑着，像过去那样安详、那样柔美。他又一次被她俘虏了、陶醉了。"亲爱的蒙娜丽莎，我将不久于人世，再也见不到你了，但

你我已经化为一体，我们的名字将永不分离。"达·芬奇默默地念叨。

麦尔兹听到动静，也爬了起来。他睡眼惺忪地来到达·芬奇面前。

"老师，您怎么起来了，也不叫我，一个人就……"

"我们这里老鼠多起来了，我担心老鼠会把画咬坏……"

"您放心，老师，不会的，我会照管好的。"

"哎，我画她的时候，两只手还好好的……"看着自己苍老而患病的双手，达·芬奇又一次深深感到自己的健康状况一天不如一天。

1519 年 5 月 2 日，列奥纳多·达·芬奇病危。宫廷医生寸步不离地守护在他的病榻旁。他的"家庭"成员——麦尔兹、维拉尼斯、马久林娜——全部在场，大家悲痛地看着达·芬奇，生怕再也见不到自己敬爱的老师和朋友了。

此时的达·芬奇已经坐不起来，说话也非常困难了。忽然，他微微睁开眼睛，嘴里发出了极其微弱的声音："我的朋友们，佛朗切斯科·麦尔兹……我不能同你们在一起了……我做了我所能做的一切……但没做完……没有做好……"话音刚落，他的眼睛便疲倦地闭上了。

达·芬奇的学生们异常悲痛，个个放声大哭。法国国王佛朗泽斯克一世得知这一消息后，立刻伤心地捂住了脸，一句话也说不出来。他认为达·芬奇是他所认识的人当中最出类拔萃的人物，他为失去这样一位伟大的艺术家、思想家和科学家而痛心不已。

宫廷按照达·芬奇的遗嘱，丧事从简，由 60 个贫民拿着 60 根蜡烛在教堂里给他做了弥撒。意大利文艺复兴时代的"巨人"列奥纳多·达·芬奇就这样与世长辞了，结束了他光辉灿烂的一生。

在列奥纳多·达·芬奇被安葬之后，麦尔兹和维拉尼斯商量，决定回到米兰去，回到麦尔兹的父亲那里，在父亲的别墅里建起艺术工作室。走时，他们带上了马久林娜，请她为他们继续操持家务。他们要开始整理老师遗留下来的所有文献。

这里有大师多达 7000 多页的手稿，那是他一生观察研究所得的成果。这些手稿，记录了这位伟人无与伦比的智慧和卓越的贡献。整理他的手稿是一件十分繁难的工作，至今仍未全部完成。因为达·芬奇是左撇子，他的手稿是从右往左写的，一般人很难识别。后人根据他的手稿，整理出版了《水的流动与测量》《鸟的飞翔》《生理解剖学》《论绘画》《寓言故事集》等，此外还有鲜为人知的书信体幻想小说《东方游记》以及许多箴言、诗歌和散文等。

遗留下来的还有数量巨大的素描。在这些素描中，有那张大师在米兰时的自画像。那时的他，正顶着烈日，在水利工地上监督运河的开凿。卷曲的长发、漂亮的胡须，浓密的双眉下是那充满智慧的眼睛，坚挺的鼻梁和紧闭的双唇既表现出大师坚强的意志，又仿佛流露出一丝哀痛。这正是一幅敢于勇敢地直视太阳，并且最后迎着太阳飞去的老鹰的头像！这是他留给后世的唯一的一张自画像。

此外，还有大师钟情的那幅《蒙娜丽莎》。国王曾多次要求大师抓紧时间修复此画，并几次派人向病中的他索回此画；但达·芬奇苦苦不愿与它分离，并且说明原委，恳请宽恕。因此，直到他逝世，此画一直保留在大师手中。6 年后，此画终于回到故乡，由米兰市博物馆收藏。之后，法国国王路易十三又成为此画的主人。现在《蒙娜丽莎》被保存在法国国立美术博物馆卢浮宫，每年都有五六百万人去那里领略蒙娜丽莎永恒又神秘的微笑。

意大利文艺复兴时代的"巨人"，最杰出的艺术家和最伟大的自然科学家达·芬奇将永世长存！

▶ 超越时代的人

　　达·芬奇无论是在艺术领域，还是在自然科学领域，都取得了惊人的成就。他的眼光与科学知识水平超越了他的时代。

　　达·芬奇不迷信权威，反对僵化而主观的经院哲学，他鼓励人们向大自然学习，到自然界中寻求知识和真理。他说："理论脱离实践是最大的不幸。"达·芬奇的科学研究方法影响了伽利略、培根，开创了近代自然科学的先河。他的实验工作方法为后来哥白尼、伽利略、开普勒、牛顿等人的发明创造开辟了道路。

　　达·芬奇是一位科学巨匠，他的才能和贡献是多方面的。

　　一、天文。达·芬奇对传统的"地球中心说"持否定的观点。他认为地球不是太阳系的中心，更不是宇宙的中心，而只是一颗绕太阳运转的行星，太阳本身是不运动的。达·芬奇还认为月亮自身并不发光，他只是反射太阳的光辉。他的这些观点的提出早于哥白尼"太阳中心说"。甚至在当时，达·芬奇就设想利用太阳能了。

　　二、物理。达·芬奇重新发现了液体压力的概念，提出了连通器原理。他指出：在连通器内，同一液体的液面高度是相同的，不同液体的液面高度不同，液体的高度与密度成反比。他发现了惯性原理，后来为伽利略的实验所证明。他认为一个抛射体最初是沿倾斜的直线上升，在引力和冲力的混合作用下做曲线位移，最后冲力耗尽，在引力的作用下做垂直下落运动。他的这一发现使亚里士多德的落体学说产生了动摇。他发展了杠杆原理，除推导出作用力与臂长关系外，还算出了速度与臂长的关系。

他指出了"永动机"作为能源的不可能性。达·芬奇还预示了物质的原子原理，形象生动地描述了原子能的威力："那东西将从地底下爆起……使人在无声的气息中突然死去，城堡也遭到彻底毁坏，看起来在空中似乎有破坏力。"

三、医学。达·芬奇在解剖学和生理学上也取得了巨大的成就，被认为是"近代生理解剖学的始祖"。他掌握了人体解剖知识，从解剖学入手，研究了生理学和医学。他最先采用蜡来表现人脑的内部结构，也是设想用玻璃和陶瓷制作心脏和眼睛的第一人。他发现了血液的功能，认为血液对人体起着新陈代谢的作用。他说血液不断地改造全身，把养料带到身体需要的各个部分，再把体内废物带走。达·芬奇研究过心脏，他发现心脏有四个腔，并画出了心脏瓣膜。他认为老年人的死因之一是动脉硬化，而产生动脉硬化的原因是缺乏运动。后来，英国的威廉·哈维证实并发展了达·芬奇的这些生理学成果。

四、建筑。在建筑方面，达·芬奇表现出卓越的才华。他设计过桥梁、教堂、圆屋顶建筑和城市下水道。在城市街道设计中，他将车马道和人行道分开；设计城市建筑时，具体规定了房屋的高度和街道的宽度。米兰的护城河就是他设计和建造的。

五、水利工程。达·芬奇对水利学的研究比意大利的学者克斯铁列早一个世纪。为了排除泥沙，他制订了疏通亚诺河的施工计划。他设计并亲自主持修建了米兰至帕维亚的运河灌溉工程。由他经手建造的一些水库、水闸、拦水坝便利了农田灌溉，推动了农业生产的发展。有些水利设施至今仍在发挥作用。

六、军事和机械。达·芬奇的研究和发明还涉及军事和机械方面，他发明了飞行机械、直升机、降落伞、机关枪、手榴弹、坦克车、潜水艇、双层船壳战舰、起重机，等等。

七、地质学。达·芬奇根据高山上有海中动物化石的事实推断出地壳有过变动，指出地球上洪水的痕迹是海陆变迁的证明，这个思想与300年后赫顿在地质学方面的发现颇为近似；并且在麦哲伦环球航行之前，他就计算出地球的直径为 7000 余英里。他还在数学领域和水利工程等方面做出了重大的贡献。可以说，达·芬奇的研究涉及自然科学的每一部门，他的思想和才能深入到人类知识的各个领域中。他是世界上少有的全面发展的学者。

但是，达·芬奇的大多数著作和手稿都没有发表，直到他逝世多年后才被世人所发现。科学史家丹皮尔这样评价达·芬奇，"如果他当初发表他的著作的话，科学一定会一下就跳到一百年以后的局面。"

八、直升机之祖。事实上，达·芬奇时代的人们也与前人一样，有着飞行的梦想。在佛罗伦萨待了一段时间后，达·芬奇又来到米兰。1483 年至 1486 年期间，达·芬奇绘制了一幅飞行器草图。在达·芬奇的设想中，这是一种依靠飞行员自身提供动力来驱动的飞行器。这位天才称自己的设计为"扑翼飞机"，达·芬奇让自己的飞机同时具备了推动力和提升力。他构想的飞机是这样的：飞机的外形由木头、帆布等材料制成，在飞行器的两侧是一双膜状的翅膀，结构和形状酷似蝙蝠或翼龙，这双翅膀展翼可以达到 11 米。飞行员背负着这个巨大的飞行器，通过不停地踩动一个动力滑轮来驱动。而这个推动力又通过手摇曲轴得到放大，同时向提升装置提供动力。

事实上，这个最早的飞行器的机械设计十分完美。但是，由于人自身所提供的动力和飞行器本身的自重相比不成比例，因此无法实际应用。直到今天，人们还将达·芬奇的设计视为直升机的先祖。

九、机器人构想。达·芬奇在手稿中甚至绘制了西方文明世界的第一款人形机器人。这个机器人以木头、皮革和金属制成，用下部的齿轮作为驱动装置。由此通过两个机械杆的齿轮再与胸部的一个圆盘齿轮咬合，机器人的胳膊就可以挥舞。更绝的是，再通过一个传动杆与头部相连，头部就可以转动甚至可以开合下颌。一旦配备了自动鼓装置后，这个机器人甚至还可以发出声音。

十、"达·芬奇汽车"。很早，达·芬奇就对当时的四轮马车不满。在他的科学世界中，早就有了汽车的影子。他设计的汽车，动力从哪里来呢？达·芬奇在汽车中部安装了两根弹簧以解决这个问题。人力转动车的后轮使得各个齿轮相互咬合，弹簧绷紧就产生了力，再通过杠杆作用将力传递到轮子上。那么怎么控制车速呢？达·芬奇也想到了。他在车身上安装了一个圆盘装置，圆盘表面设置了很多方形的木块，和每个轮子连接的铁杆另一端与圆盘相接，这就是用于控制车速的装置。圆盘上放置的木块数量越多，与铁杆之间的摩擦就会越大，阻力也越大，轮子的运转速度越慢，行驶的距离越长。

当然，达·芬奇也想到了刹车装置。位于齿轮之间有一个木块，拉动绳索将木块卡在齿轮之间，车就可以停止。不过，这辆汽车不能载人，因为仅靠弹簧的动力根本无法行驶很长的路程。

此外，挖河机、潜水机、起重机、照相机、加热机、温度计……达·芬奇曾有过无数的发明设计。而这些发明足足可以让我们的世界科学文明进程提前 100 年。

达·芬奇一生写了长达 7000 多页的手稿，现存约 5000 多页，至今仍在影响科学研究。他就是一位现代世界的预言家，而他的手稿被称为一部"15 世纪科学技术的百科全书"。

名人名言·金钱

1. 不为金钱所动者最富有。

  ——［英］哥尔斯密

2. 天生我材必有用，千金散尽还复来。

  ——〔唐〕李　白

3. 富贵不能淫，威武不能屈，贫贱不能移。

  ——〔战国〕孟　子

4. 金钱可以成为人的奴隶，也可以成为人的主人。

  ——［古罗马］贺拉斯

5. 金钱可以比肥料，如不散入田中，本身并无用处。

  ——［英］培　根

6. 金钱可以是许多东西的外壳，却不是里面的果实。

  ——［挪威］易卜生

7. 金钱是被铸造出来的自由。

  ——［俄］陀思妥耶夫斯基

8. 我们手里的金钱是保持自由的一种工具，我们所追求的金钱，则是使自己当奴隶的一种工具。

  ——［法］卢　梭

9. 如果你懂得使用，金钱是一个好奴仆，如果你不懂得使用，它就变成你的主人。

  ——［美］马克·吐温

10. 把钱用在对自己对别人都有益的事情上，不要错花一分钱。

  ——［美］富兰克林

11. 金钱和享受的贪求不是幸福。

  ——［古希腊］伊　索

12. 金子！黄黄的、发光的宝贵的金子！它可以使黑的变成白的，丑的变成美的，卑贱变成尊贵，老人变成少年，懦夫变成勇士。

——［英］莎士比亚

13. 黄金的枷锁是最重的。

——［法］巴尔扎克

14. 金钱只是在数量失去均衡时，才是一种权力。

——［法］巴尔扎克

15. 没有金钱更能腐蚀人心的了。

——［法］雨　果

16. 财富本身就是危险。那会招引虚伪的朋友来到你的身旁，贫穷就可能使虚伪的朋友离开，使你安静下来。

——［法］雨　果

17. 巨大的财富具有充分的诱惑力，足以稳稳当当地起致命的作用，把那些道德基础并不牢固的人引入歧途。

——［美］马克·吐温

18. 有钱的人要是时时刻刻都在担心他会有一天变成穷人，那么即使他有无限的资源，实际上也像冬天一样贫困。

——［英］莎士比亚

19. 一切对财富的过于仔细的关心都散发着贪婪的气味，甚至以一种过于有意的不自然的慷慨去处理钱财，也是不得去费心指挥和关心的。

——［法］蒙　田

名 人 年 谱

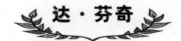

达·芬奇

1452 年　4 月 15 日，出生于意大利佛罗伦萨。

1465 年　13 岁，进入韦罗基奥的工作室成为入门弟子。

1473 年　21 岁，创作《圣告图》。

1483 年　31 岁，接受圣弗郎西斯·格兰德教会定做《岩间圣母》。

1495——1498 年　43－46 岁，开始绘制《最后的晚餐》。

1502—1503 年　50－51 岁，回到佛罗伦萨，开始绘制《蒙娜丽莎》。

1516 年　64 岁，应法王之邀，赴法国安伯瓦兹。

1519 年　5 月 2 日，67 岁，于安伯瓦兹去世。

名人年谱

达·芬奇